LES CHASSEURS DE SAINT-MIHIEL

ET

LA GUERRE DANS LA MEUSE

DU MÊME AUTEUR :

LA VALLÉE DE L'EZRULE

*Ouvrage honoré d'une subvention du Conseil
général de la Meuse*

P. JOLIBOIS

Les Chasseurs de Sᵗ-Mihiel

ET LA

GUERRE DANS LA MEUSE

Lettre autographe de M. Raymond POINCARÉ
Président du Conseil des Ministres,
Ancien Président de la République.

Préface du Général X...

BAR-LE-DUC
Imprimerie COMTE-JACQUET
58, Boulevard de la Rochelle
1928

Je dédic ces pages en témoignage de profond respect :

A M. le Maréchal de France PÉTAIN,
Défenseur de Verdun,
ancien Capitaine au 29e B.C.P.

*
* *

Aux Généraux TANANT,
RENOUARD,
ZERBINI,
anciens Commandants du 29e B.C.P., sous les ordres desquels je suis fier d'avoir servi.

*
* *

Au Chef de Bataillon CHANAL, Commandant actuel du 29e, continuateur des belles traditions.

P. J.

PRÉSIDENCE DU CONSEIL

LE PRÉSIDENT

8 août 1928

Cher Monsieur,

Je me félicite chaleureusement d'avoir formé le dessein de retracer les hauts faits qu'ont accompli, pendant la guerre, sur le sol de votre département, les 4e et 29e bataillons de chasseurs. Nul mieux que l'excellent auteur de « la Vallée de l'Ezrule » ne saura rendre ces hommages à de vaillants camarades. J'adhère de tout cœur à votre patriotique pensée et je souhaite à votre livre le plus grand succès.

Croyez à mes sentiments dévoués

Poincaré

PRÉFACE

Instituteur dans la Meuse, dont il est originaire, l'auteur de ces pages a fait toute la campagne de 1914-1918 dans les rangs du 29ᵉ bataillon de chasseurs à pied.

Deux fois blessé, promu officier et chevalier de la Légion d'honneur pour faits de guerre, il reprend à la paix sa noble tâche auprès de ses jeunes compatriotes leur inspirant avec son ardent amour « de la petite et de la grande patrie », le culte du souvenir.

Dans sa riante vallée de l'Ezrule qui fut en 1914 le théâtre de combats sanglants auxquels il a pris part, il lutte contre l'oubli, il lutte contre la nature elle-même qui peu à peu efface du champ de bataille toute trace de l'héroïsme dont il fut témoin.

Il veut une plaque commémorative du sacrifice de ses compagnons d'armes et il écrit un premier livre « La Vallée de l'Ezrule et le combat de la Vaux-Marie » pour se procurer l'argent nécessaire à la réalisation de ce projet. Avec « Les Chasseurs de Saint-Mihiel et la guerre dans la Meuse », il poursuit son œuvre du souvenir, il poursuit son double sacerdoce d'officier instituteur.

Ces chasseurs à pied de Saint-Mihiel sont pour la plupart ses compatriotes. 25ᵉ et 29ᵉ bataillons appartenaient, en effet, aux troupes de couverture et recrutaient dans la Meuse près de leur garnison, de façon que les réservistes puissent, en quelques heures, rejoindre l'unité dans laquelle ils avaient accompli leur service actif.

Ce qu'ils furent pendant la guerre? Des chasseurs dignes du passé de leur arme d'élite. C'est le plus bel éloge qui puisse leur être adressé, celui qu'ils avaient à cœur de mériter.

Leur esprit de corps leur fut une force incomparable. Le bataillon leur était une véritable famille où chefs et chasseurs se témoignaient journellement, dans un lumineux et fier regard d'hommes conscients du devoir accompli, leur estime et leur affection réciproques.

Ce qu'ils furent, ce qu'ils sont, une scène récemment vécue le dit mieux qu'une longue dissertation. Septembre 1926 Un colonel traverse le boulevard des Invalides D'une petite voiture de mutilé un cri s'échappe : « Le Commandant ». Le Colonel s'approche, prend dans ses bras un petit chasseur chevalier de la Légion d'honneur, dont les deux jambes sont paralysées. Tous deux s'embrassent. Le petit chasseur sourit, sur la joue du chef une larme coule.

Ce sont deux anciens du bataillon de Jolibois. Comme lui ils n'oublient pas.

Général X...

AVANT-PROPOS

Meusien, j'ai cru de mon devoir de faire revivre les heures de guerre vécues par les chasseurs de Saint-Mihiel sur le sol de la Meuse.

J'ai espéré que certains prendraient quelque intérêt à ces simples notes écrites au jour le jour à l'intention de mes chers parents.

Mais c'est surtout pour les camarades chasseurs que j'ai rappelé ces souvenirs d'un passé glorieux et déjà lointain.

Je l'ai osé :

— Par pieuse pensée pour nos morts,

— Par amitié inaltérable pour les anciens, les acteurs vaillants du grand drame,

— Par sympathie pour ceux qui, depuis la tourmente, ont servi dans les rangs des 25e et 29°, et pour ceux qui viendront, tour à tour, porter avec dignité et fierté les écussons consacrés par tant de sang généreux et de vaillance.

P. JOLIBOIS,
ex-Lieutenant au 29° B.C.P.,
Chevalier de la Légion d'Honneur,
Instituteur.

Erize-Saint-Dizier (Meuse), 24 Mars 1298.

1914

LA GUERRE DE MOUVEMENT

> « Non, ils ne sont pas morts en
> vain, ceux qui sont morts pour que
> la patrie vive plus libre, plus unie,
> plus fière, plus forte, plus grande,
> grâce à ses épreuves mêmes. »
>
> DÉMOSTHÈNE.

La protection de Verdun par la 3ᵉ Armée en Août-Septembre 1914

« L'offensive, telle qu'elle était prévue par le Grand Etat-Major allemand, commençait dès le 5 août par l'attaque de Liége et l'invasion de la Belgique. Sept armées allemandes comprenant 34 corps d'armées (environ 1.500.000 combattants) se déployaient soudain de Liége à Mulhouse.

L'aile droite (1ʳᵉ et 2ᵉ armées) entrait en Belgique après avoir forcé la Meuse et marchait sur les Flandres françaises. Von Klück dirigeait le mouvement.

Le centre (3ᵉ, 4ᵉ, 5ᵉ armées), dissimulé dans les régions boisées des Ardennes, devait suivre le mouvement de l'aile droite ; sa direction générale était les lignes de l'Aisne et de la Marne. *Le Kronprinz impérial commandait la principale armée, la 5ᵉ : son objectif était Verdun.*

L'Aile gauche (armées de Metz et d'Alsace) tenait la Lorraine et l'Alsace, d'abord sur la défensive, puis elle prendrait Nancy, forcerait la Moselle et achèverait l'enveloppement des Armées françaises.

Cinq armées françaises étaient concentrées dès le 10 août sur le front Mézières-Verdun-Nancy-Belfort. Elles comprenaient 22 corps d'armée et un certain nombre de groupes de division de réserve (environ 1.400.000 combattants).

La 3e Armée (Général Ruffey, puis Général Sarrail) s'organisa autour de la forteresse de Verdun qu'elle a mission de couvrir, tout en se liant à la manœuvre générale. Elle comprenait trois corps d'armée (4", 5e et 6e), trois divisions de réserve et une division de cavalerie (7e).

Ses trois divisions de réserve, groupées sous le commandement du général Pol Durand, étaient formées avec les régiments de réserve des 4e, 5e et 6e corps et portaient les numéros 54-55-56. Elles arrivèrent quelques jours après les corps actifs. La 7e division de cavalerie réunissait les cuirassiers de Tours (5° et 18e), les dragons de Fontainebleau (7e) et de Melun (13e).

L'armée anglaise (3 corps d'armée) (environ 80.000 combattants) ne pouvait être en ligne dans le nord que vers le 21 août.

L'armée belge (5 divisions) résistait opi-
niâtrement et retardait l'avance de l'aile
droite allemande. »

. . . .

Après une série de combats qui marquent
les débuts de la guerre, s'engage « une
bataille générale qui portera dans l'histoire
le nom de *Bataille des Frontières*. »

« Cette bataille de frontières qui dura
cinq jours, peut se diviser en trois parties :
le 21 août eurent lieu les marches d'approche, le 22 les chocs, les 23. 24 et 25 la
retraite, mais une retraite qui ne fut pas
une déroute et qui devait conduire à la
victoire.

Pour la journée du 22 l'ordre portait
« l'ennemi sera attaqué partout où il sera
rencontré », de cet ennemi on savait seulement qu'il devait être très proche. La
journée ne pouvait se passer sans ren-
contres.

Ce 22 août, la 3e armée devait marcher
en échelon vers le nord : le 4e corps devait
traverser Virton, le 5e dégager Longwy et
le 6e s'opposer à des attaques de troupes
allemandes débouchant des camps retran-
chés de Thionville et de Metz vers Verdun.

C'est à l'aile droite de la 3e armée qu'eut

lieu l'effort principal de l'ennemi. Celui-ci trouva devant lui le 6e corps (et notamment la 40e division) qui lui infligea des pertes terribles en luttant avec héroïsme contre des forces trois fois supérieures. La 40e division sous les ordres du Général Hache qui avait tenu tête aux trois divisions ennemies du XVIe corps et contre laquelle le Kronprinz lança sa dernière réserve, dut se replier. Le 22 au soir, malgré le courage déployé, les objectifs n'étaient atteints ni par la 4e armée, ni par la 3e armée. La supériorité de l'artillerie lourde et des mitrailleuses allemandes brisa l'effort offensif des troupes.

Dans la violence du choc les pertes avaient été extrêmement sérieuses pour les 3e et 4e armées ; dans la nécessité du repli, des milliers de blessés durent être abandonnés ; à cause de la rapidité des événements, le nombre de prisonniers fut considérable ; considérable aussi celui des disparus.

Le 24 août le Général Joffre ordonnait la retraite générale des armées. »

Le 26 août la 3e armée franchissait la Meuse ; le 6e corps pivotant autour de Verdun la traversait à Consenvoye et à Charny. Le recul allait continuer pour elle autour de Verdun jusqu'à ce que retentisse l'ordre formel « ici, il faut arrêter l'ennemi ou mourir. »

(Renseignements extraits des ouvrages « Souviens-toi » par le Général Malleterre et « La Grande Guerre par les Combattants »).

Voyons, d'après un combattant de la 40ᵉ division, caporal au 29ᵉ B. C. P., 5ᵉ compagnie, comment se déroulèrent ces journées angoissantes.

LE CIRCUIT DE VERDUN

PREMIERS JOURS DE GUERRE

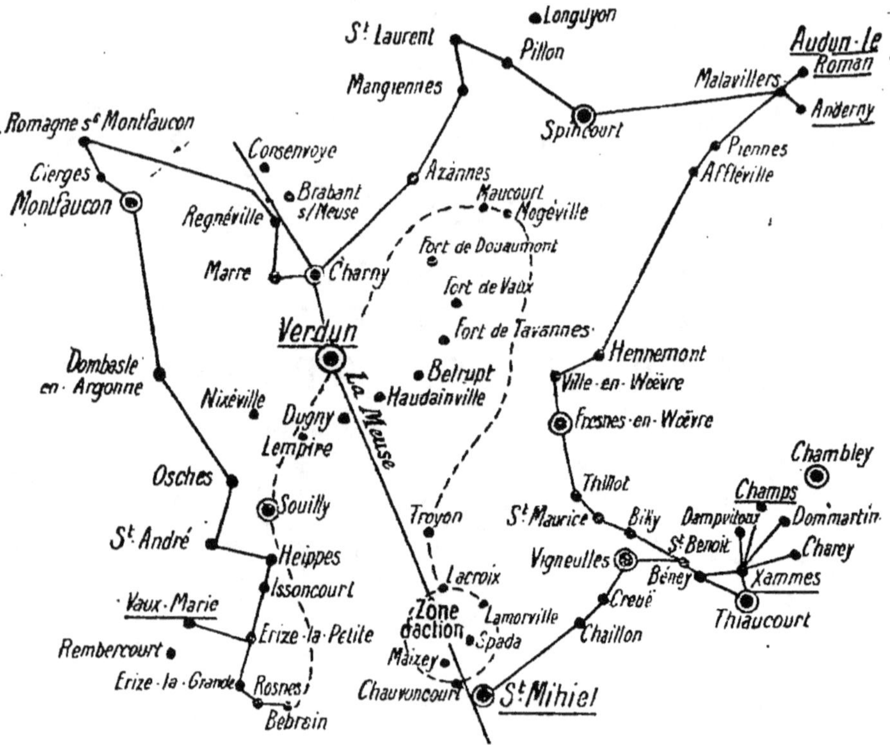

CARTE SCHÉMATIQUE
DU CIRCUIT DE VERDUN DE 1914
par le 29ᵉ Bataillon de Chasseurs à pied.

Légende : ——————— trajet certain.
          — — — — — trajet approximatif.
Nota : Le trajet est sensiblement le même pour le 25ᵉ B.C.P.

Premiers jours de Guerre

Le 30 juillet 1914, la 40ᵉ Division dont les Chasseurs de Saint-Mihiel font partie, reçoit l'ordre à 23 h. 30, de se porter sur ses emplacements de couverture, et le 31, à 2 h. 30 du matin, le 29ᵉ B. C. P. sous les ordres du Commandant Renouard quitte son quartier de Verzelle en direction de Saint-Benoît, Thiaucourt. Le Bataillon fait partie d'un groupe de couverture commandé par le Lieutenant - Colonel Gipont du 161ᵉ R. I.

Arrivés le 31 juillet au soir sur nos emplacements, nous en entreprenons immédiatement l'organisation défensive.

1ᵉʳ et 2 août. — Nous sommes à Thiaucourt ; c'est là que nous apprenons tour à tour l'ordre de mobilisation de la réserve de l'armée active, puis l'ordre de mobilisation générale. Les nuits sont troublées par l'arrivée et le passage des réservistes, qui rejoignent leur corps avec un admirable entrain. Le 25ᵉ B.C.P. est près de nous.

3 août. — Nous quittons Thiaucourt pour Xammes où nous cantonnerons quelques jours. C'est le point d'attache d'où nous rayonnons en reconnaissances et patrouilles (ferme de Montplaisir, villages de Charey Dommartin, Champs, Chambley).

5 août. — L'ennemi a franchi la frontière, des escarmouches se produisent, la guerre commence. Le 40ᵉ d'artillerie tire ses premiers obus ; par un malheureux hasard l'un d'eux tombe sur les petits éléments de tranchées que creuse le 25ᵉ B.C.P. depuis deux jours : 3 morts (un adjudant, un caporal, un chasseur) et 6 blessés. Consternation générale quand le chariot passe devant nous, le soir, ramenant ces infortunés camarades. Ce n'est pourtant qu'un petit début, avant-coureur des grandes hécatombes.

Les chasseurs à cheval du 12ᵉ échangent leurs premiers coups de sabre et de mousqueton avec les uhlans. Le canon se fait entendre au loin.

6 août. — Un convoi allemand de vivres et équipements a été pris, dit-on, et la distribution doit se faire à Thiaucourt.

On annonce au rapport l'avance de nos troupes en Belgique et en Alsace ; l'enthousiasme est grand.

8 août. — Ce matin à 5 heures une

grande surprise m'attendait : je trouve le réserviste Pigot, de Givrauval, qui est affecté à la 1re compagnie. Quel plaisir ! Avec Maurice Adam et mon inséparable Raymond Jehan nous buvons un verre. Pigot me donne des nouvelles du pays, de mes parents et me remet les 4 pièces de 5 francs dont mon père l'a chargé. Dans la journée nous partons en reconnaissance.

C'est dans ce village de Xammes que nous prenons connaissance de l'admirable Message du Président de la République, notre grand compatriote meusien, Raymond Poincaré. L'affiche datée du 4 août, collée contre une porte de grange, dessine un grand carré blanc sur fond sombre, qui nous attire. On fait cercle, on lit, le cœur bat plus vite, plus fort et la confiance s'implante plus profondément encore en nos cœurs.

Cette lecture stimule l'énergie de tous et la phrase première : « La France vient d'être l'objet d'une agression brutale et préméditée, qui est un insolent défi au droit des gens », comme le cri final : « Haut les cœurs et vive la France! », se gravent à tout jamais dans ma mémoire et feront écho en moi-même aux heures difficiles.

10 août. — Nous allons prendre position à Montplaisir ; le canon gronde. L'aspect de la ferme est curieux ; plus d'habitants bien entendu, les bâtiments sont grands ouverts, les murs du vaste jardin ont été crénelés en vue d'une résistance éventuelle ; le logis lui-même est transformé en ouvrage de défense.

14 août. — Repos pour ma compagnie. La 3e s'engage avec l'ennemi à Champs ; les mitrailleuses la déciment. Le lieutenant Alba y trouve une mort brillante ; c'est notre premier officier tombé au Champ d'honneur. Sa glorieuse citation à l'ordre de l'Armée est lue au rapport, quelques jours après, au milieu d'une intense émotion :

« Envoyé en reconnaissance sur le village de Champs, le 14 août, y pénétra avec sa section ; après avoir reçu une balle dans la jambe, en reçoit une deuxième à la figure. Il enlève encore une fois sa troupe en criant : « Ça ne fait rien, en avant, les gars ! » Tombe mortellement atteint d'une troisième balle au cou, après avoir dit avec le plus grand sang-froid à son sous-officier : « Sergent, prenez le commandement. »

15 août. — A 6 heures du matin on

signale une patrouille de dragons allemands, forte de 15 hommes et se dirigeant vers notre parc à vivres et à munitions. Les chasseurs à cheval, intrépides, foncent sur elle à triple galop ; de son côté la section de garde ouvre le feu. Nous assistons à l'engagement en curieux, de la sortie du village ; les faisceaux de fusils sont formés dans la rue. Quatre dragons sont faits prisonniers, six sont blessés et ramenés sur une charrette, les autres sont morts. Nous assistons au défilé, vivement intéressés par ces premiers prisonniers : attitude hautaine de l'officier, équipements et costumes entièrement neufs, casque couvert d'un manchon gris-vert portant le numéro du régiment, chevaux jeunes et beaux, telles sont les remarques que nous faisons à leur passage entre nos rangs silencieux.

Nous sommes heureux de cette petite victoire française. Le cheval d'un des dragons est ramené blessé, la mâchoire fracassée par une balle ; la pauvre bête est jolie, c'est dommage. Mon sous-lieutenant pour terminer ses souffrances lui tire une balle dans la tête et le boucher Lecrique débite la viande aux escouades. C'est bien la première fois que l'ennemi pourvoit à notre ravitaillement !

L'après-midi départ pour Dampvitoux ; nous creusons de petites tranchées et gardons le village, la nuit venue.

16 août. — Journée passée dans les tranchées en lisière des bois de Dampvitoux. Des dragons allemands sont vus, descendant la côte à 1.600 mètres ; nous nous tenons prêts à les recevoir, mais les chasseurs à cheval impatients s'élancent et les pourchassent : 3 sont pris. Le soir la 4ᵉ compagnie en venant nous remplacer en trouve un quatrième qui, démonté et blessé, s'était caché dans un épais buisson.

17 août. — Relevés le 17, par le 69ᵉ Bataillon de réserve, nous rejoignons la zone de déplacement de la 40ᵉ Division d'infanterie. Départ pour Saint-Maurice par Beney, Saint-Benoît, Billy. A Saint-Maurice passent de lourds autobus, le 287ᵉ R. I., le 155ᵉ R. I. et les 13ᵉ et 40ᵉ R. Artillerie. Que de monde ! Cela donne pleine confiance ! Le 25ᵉ B.C.P. se trouve présentement au village.

18 août. — Départ pour Hennemont par Thillot, Fresnes-en-Woëvre, Ville-en-Woëvre.

19 et 20 août. — Séjour à Hennemont avec exercices et manœuvres diverses pour l'entraînement des réservistes.

21 août. — Nous gagnons notre poste de combat, hors de la Meuse, par Affléville, dont plusieurs maisons sont incendiées par l'ennemi, et Pienne où la population nous accueille de tout cœur.

Le 22, au moment où va s'engager la *Bataille des frontières*, « nous sommes placés sous les ordres du général commandant la 7e division de cavalerie, avec mission de couvrir l'aile droite de cette division pour une opération dans la région de Malavillers » (1).

Mon Bataillon reçoit l'ordre d'occuper Audun-le-Roman. Le 25e est engagé à Pierrepont, près de Longuyon.

Combat d'Audun-le-Roman
22 Août 1914

Il est 6 heures du matin, nous occupons le village de Malavillers où se trouvent également une compagnie de chasseurs cyclistes, des chasseurs à cheval et des cuirassiers. L'ennemi est signalé au delà du village voisin, Audun-le-Roman, situé à en-

---

(1) D'après l'historique du Bataillon.

viron 4 kilomètres. Nous prenons position dans un verger, en tirailleurs derrière un petit mur de clôture. Nous attendons, pressentant que la journée sera rude. Craignant de n'avoir pas le temps plus tard, je mange avec mes voisins une boîte de thon achetée à Pienne.

Brusquement... un coup de canon : l'obus vient éclater à 200 mètres au-dessus et légèrement en avant de nous; deuxième... troisième obus! L'ennemi nous salue; cela fait un rude effet, je n'ose d'abord regarder, mais la curiosité l'emporte et j'aperçois le nuage d'éclatement des schrapnels. Un coup de départ, un sifflement, l'éclatement et le nuage floconneux qui se disperse lentement, voilà !

Les éclatements se rapprochent, on nous fait quitter notre emplacement pour aller de l'avant : « lignes d'escouades par deux ». C'est vraiment désagréable d'avancer à cet instant, les obus sifflent, passent au-dessus de nous et jettent leur mitraille. A chaque pas nous nous baissons, nous nous collons à terre pour éviter la rafale. En tête de la compagnie, le capitaine seul reste debout; jumelles en mains il semble à la manœuvre. Nous arrivons à courte distance du village d'Audun-le-Roman.

A travers champs d'avoine, de blé ou de betteraves nous gagnons un bois et allons prendre position à sa lisière nord. Chacune des compagnies (2e, 5e, 6e) a son emplacement bien déterminé.

Nous sommes là en tirailleurs, invisibles derrière arbres, brindilles et broussailles, lorsqu'en face de nous, au sommet de la crête, l'ennemi apparaît, s'avançant sans grande méfiance comme le prouve sa formation : une colonne par 4 commandée par un officier à cheval et précédée de 3 rangs de tirailleurs. Jolie cible.

Nous avions hâte de brûler ces cartouches que nous portions depuis 23 jours, mais notre adjudant défend de tirer avant le commandement. Les Allemands avancent, ils sont à 400 mètres... hausse 400... sur l'ennemi, feu à répétition... feu !

Les balles pleuvent sur l'ennemi surpris ; chacun de nous tire comme au stand ; l'officier est descendu, la colonne qui offre une cible incomparable subit de grosses pertes avant son déploiement. Sitôt celui-ci fait, les balles nous arrivent et la fête change d'aspect.

Désormais les balles sifflent et nous encadrent. Le cœur se serre atrocement à ce miaulement. Leur tir est facile, ils nous savent en lisière, aussi les coups portent. Deux balles viennent se planter, l'une à trente centimètres devant moi, l'autre à ma droite. Mes voisins, le caporal Barbillon à ma gauche et Larcher à ma droite, tirent merveilleusement. Ils sont d'un calme absolu et Larcher reste aussi amusant qu'au cantonnement. Leurs réflexions me rappellent la lecture d'une anecdote de la défense de Bazeilles en 1870 : « attention, sur celui qui avance sur les genoux... sur celui qui essaye d'aller au buisson... »

Nous faisons tous trois un feu à répétition nourri sur ce buisson où des boches se sont dissimulés. Sur toute la ligne ils avancent lentement en rampant; on tire sur ceux qui se découvrent le plus.

Nous perdons du monde et maintenant l'ennemi avance par bonds très courts. Notre assurance diminue. Les plaintes des blessés, les râles des mourants à deux pas de nous, nous impressionnent ; cela est si nouveau et si terrible. Le caporal Dodo est tué d'une balle dans la tête, le caporal Malher blessé à la cuisse est tué peu après ; de même Boucher, Charoy qui a une balle au ventre et se sent mortellement atteint. Ceux-là sont nos voisins, sur toute la ligne il en est de même.

Une pièce de 77 s'installe à la crête et bombarde le bois. Eclats et branches s'abattent avec fracas. La situation est intenable ; par les buissons de droite l'ennemi a gagné le village et nous a à demi-tournés. Ordre est donné de nous replier, mouvement qui s'exécute sous la protection des 1re et 3e compagnies, engagées par ailleurs, la 4e étant occupée à l'attaque d'Anderny.

Nous nous replions en hâte pour ne pas être cernés. Au moment où nous allons sauter le fossé qui longe la lisière opposée, les balles nous accueillent ; nous rentrons sous bois, le longeons et n'en sortons pour gagner la plaine que lorsque nous pouvons nous dissimuler dans les champs de blé non encore fauchés. L'ennemi tire sur nous au hasard. Plusieurs hommes de mon escouade sont tombés ; Couquaux est frappé d'une balle à la cuisse, un autre qui m'appelle d'un cri, fou de douleur, me tend une main mutilée : comme il tirait un dernier coup de fusil sur la ligne de tirailleurs, une balle vint lui briser l'index et le majeur de la main droite ; pauvres doigts ne tenant plus que par des lambeaux de chair, Bristhuille est blessé, Goury, Rives, disparus.

Nous faisons en arrière le chemin du matin. Une note comique à travers ce drame : notre adjudant ayant eu ses bandes molletières déroulées, court en tenant une extrémité de chacune à chaque main.

Le bataillon se reforme vers Malavillers; nous avons tenu toute une journée malgré notre infériorité, tant en hommes qu'en matériel. Que n'avions-nous quelques mitrailleuses avec nous !

Le soir descend, les Allemands avancent; ils ont eu succès sur toute la ligne malgré la lutte ardente ; la retraite de l'Armée est précipitée. Triste spectacle ! De ci, de là, des soldats de divers régiments, des chevaux sans cavaliers, des blessés nombreux qui se soutiennent l'un l'autre, qui s'accrochent aux voitures. Des sacs, des équipements, des fusils sont çà et là abandonnés au bord de la route.

Après la journée entière de combat nous recevons l'ordre « de couvrir la retraite de la 7ᵉ division de cavalerie et celle de la 40ᵉ division d'infanterie » (1).

Nous occupons à cet effet de petites tranchées de chaque côté de la route qui va vers Spincourt ; l'artillerie passe au

______

(1) D'après l'historique du Bataillon.

galop, l'infanterie se replie à travers la plaine en longues colonnes. Des uhlans s'étant approchés, des éléments de notre cavalerie chargent à la tombée du jour. Quelques chevaux reviennent seuls, ventre à terre.

Notre mission remplie, nous nous retirons, à notre tour, vers Spincourt où je dors d'un sommeil de plomb sur un tas de pierres, en attendant le jour (1).

Dimanche 23 août. — La lutte de la veille continue, c'est une canonnade ininterrompue, un duel d'artillerie, qui ne cesse que le soir vers 8 heures. Nous sommes rassemblés dans une prairie en colonnes de compagnies. On s'est nettoyé, les armes sont astiquées et le Commandant Renouard nous passe une revue au cours de laquelle chaque compagnie est félicitée pour sa vaillante conduite lors du grand baptême du feu de la veille. A cheval, face au Bataillon qu'il salue de l'épée, il lance d'une voix vibrante : « 29ᵉ ! je te salue ! ».

---

(1) Cette journée coûte au Bataillon plusieurs officiers hors de combat, entre autres le lieutenant de Colombel qui est tué.

Combat de la Ferme du Haut-Val
24 Août 1914

Joint au 26e bataillon de chasseurs et au 155e R. I., nous formons un groupe de réserve du 6e Corps d'Armée. Etant en avant-garde de cette colonne, nous partons vers Pillon, dont les lisières sont occupées face à Arrancy. A 11 heures, nous recevons personnellement l'ordre de nous porter en avant et d'occuper la ferme du Haut-Val.

Nous avançons d'abord en lignes d'escouades, puis en tirailleurs. Nos 75 déblayent le terrain devant nous ; mais un violent feu d'artillerie et d'infanterie nous accueille, nous obligeant à hauteur des objectifs atteints, à nous accroupir derrière les tas de gerbes. Une bille de schrapnel s'enfonce en terre contre mon genou droit, je la ramasse.

Après un combat meurtrier mais sans résultat apparent, nous avons ordre de nous replier. Les obus arrivent toujours nombreux. A ma droite est le caporal Delestre (4e Cie) qui contourne le village avec son escouade ; bien que les obus y tombent, nous le traversons sans malheur. Saulnois a reçu une balle dans son sac, Adam une dans sa gamelle (1).

« Le soir à la nuit tombée, le bataillon vient se reformer à son point de départ et couvrir la retraite du 6ᵉ corps ».

Ma section prend les avant-postes. Je vais en reconnaissance avec 5 hommes au village de Saint-Laurent ; nous le trouvons occupé par nos troupes. Le 25ᵉ attaque à cette date à Rouvrois-sur-Othain, près de Pillon ; la lutte est acharnée.

*
* *

La localité d'Audun-le-Roman devait être citée à l'ordre de l'Armée en ces termes :

« Détruite les **21 et 22** août 1914 par le
« feu et le bombardement ; a vu une par-
« tie de ses habitants inoffensifs tomber
« sous les balles de l'ennemi. Par ses souf-
« frances et ses pertes a bien mérité de la
« Patrie ».

Notre ancien Commandant, alors Lieutenant-Colonel à l'Etat-Major de la IIIᵉ armée, fut l'objet à cette même date d'une citation à l'Ordre de l'Armée que lui valut une

---

(1) Les capitaines Bied-Charreton, de la Laurencie, le lieutenant Levacher, sont blessés.

activité incessante et courageuse que nous connaissions tous au Bataillon :

« Lieutenant-Colonel Tanant, état-major d'une Armée : a dirigé depuis le début de la campagne le 3e bureau d'une Armée et a fait preuve, dans ces fonctions, comme au cours des missions qu'il a remplies sous le feu, de qualités de caractère et de décision.

« S'est particulièrement distingué au cours des journées des 22 et 25 août 1914. »

La Retraite

25 août. — Passage à Mangiennes. Organisation défensive d'un bois.

26 août. — Passage à Charny, Marre où nous faisons grande halte près du moulin. Nous gagnons Regnéville où nous cantonnons. *La Meuse est donc franchie.* Le 25e est à Cumières.

27 août au 30. — Organisations défensives face à Consenvoye-Brabant, surveillance des bords de la Meuse.

31 août. — Départ à huit heures du soir pour Romagne-sous-Montfaucon, arrivée à minuit au cantonnement, lever vers quatre heures. Passage de nombreux évacués ; triste spectacle que ces voitures emmenant une bien faible partie des biens et qu'escortent femmes et enfants.

1er septembre. — Bivouac dans les bois, occupation de la lisière face à Montfaucon qui est bombardé.

2 septembre. — Cantonnement à Cierges.

3 septembre. — Marche longue par une chaleur torride qui nous amène exténués à Dombasle-en-Argonne où nous cantonnons.

4 septembre. — Départ pour Gesnes, Osches, marche à travers la forêt de Hesse, cantonnement à Saint-André.

5 septembre. — Départ de Saint-André vers Bar où nous devons dit-on embarquer pour Paris.

Passage à Heippes, Issoncourt, Erize-la-Petite, Erize-la-Grande.

6 septembre. — C'est dimanche, bivouac à Erize-la-Petite contre le village. Canonnade. Pretz brûle. Nous ne quittons pas la Meuse.

7 septembre. — Ordre : occuper la voie ferrée et la gare Vaux-Marie — ligne du chemin de fer meusien de Bar-le-Duc à

Verdun, territoire de Rembercourt-aux-Pots. — Marche d'approche en tirailleurs, vers 4 heures du soir; l'ennemi est à courte distance, les balles sifflent. A 8 heures nous sommes sur nos emplacements.

8 septembre. — Une contre-attaque vigoureuse menée par une partie du bataillon « permet de rétablir, sur cette partie du champ de bataille, une situation compromise. »

9 septembre. — Créneaux individuels creusés dans le talus de la voie ferrée. Bombardement intense, l'ennemi prépare une attaque.

Le Combat de La Vaux-Marie [1]

10 Septembre 1914

A minuit se déclanche une formidable attaque. Le Kronprinz, à la tête de la Ve armée, veut couper nos lignes, encercler Verdun qu'il désire prendre et envahir le Barrois.

(1) Ce combat a fait l'objet d'une étude spéciale et détaillée dans le livre intitulé *La Vallée de l'Ezrule, Combat de la Vaux-Marie*, auteur P. Jolibois. — Editeur, Comte-Jacquet, Bar-le-Duc.

Le 29e, ayant à sa droite le 25e et plus loin vers Beauzée le 26e B.C P., soutenu par du 106e et du 67e R.I. occupant la crête en arrière, soutient une lutte terrible.

L'ennemi, qui attaque en masse serrée dans la nuit noire, est arrêté par notre fusillade et les charges à la baïonnette. Une pluie violente et froide nous trempe jusqu'aux os. Les commandements allemands nous parviennent : des « worvertz », des coups de sifflets, de cornes, de trompettes qui sonnent un air bizarre et combien lugubre dans cette nuit.

Les balles font une musique infernale ; nos munitions s'épuisent vite.

Certains éléments ennemis ont pu passer notre ligne et incendient la ferme de la Vaux-Marie : c'est à la lueur de cet incendie que nous luttons et tenons jusqu'au jour, malgré de terribles pertes. Quelle nuit ! quel cauchemar ! C'est sinistre, horrible : cris, clameurs, fusillades, puis gémissements, appels désespérés des blessés, des mourants.

Le Commandant Renouard, blessé de deux balles, ordonne le repli. C'est en battant en retraite que je suis atteint par plusieurs projectiles.

LA BATAILLE DE LA MARNE

sur le sol meusien

COMBAT DE LA VAUX-MARIE

COMPOSITION DES ARMÉES

IIIe Armée française.	*Ve Armée allemande.*

IIIe Armée française.

Elle comprenait :

le Ve Corps,
le VIe Corps,
le XVe Corps,
les 65e, 67e, 75e divisions de réserve, la 7e division de cavalerie, et les troupes de la défense de Verdun.

Son Chef : le Général SARRAIL.

Ve Armée allemande.

Elle comprenait :

le VIe Corps actif,
le XIIIe Corps actif,
le XVIe Corps actif,
le VIe Corps de réserve,
le Ve Corps de réserve.

Son chef : le KRONPRINZ.

La carte ci-contre indique la position des Armées après les sanglants combats du 10 septembre.

Troupes allemandes : ___ __ ___ __ ___ ___ __ __

Troupes françaises : ▬▬▬ ▬▬▬ ▬▬▬

Une ligne de points (.......) indique, sur le front de la Vaux-Marie, l'emplacement des XIIIe corps actif et VIe corps de réserve allemands, le 9 septembre, à la veille de l'attaque.

10 SEPTEMBRE 1914

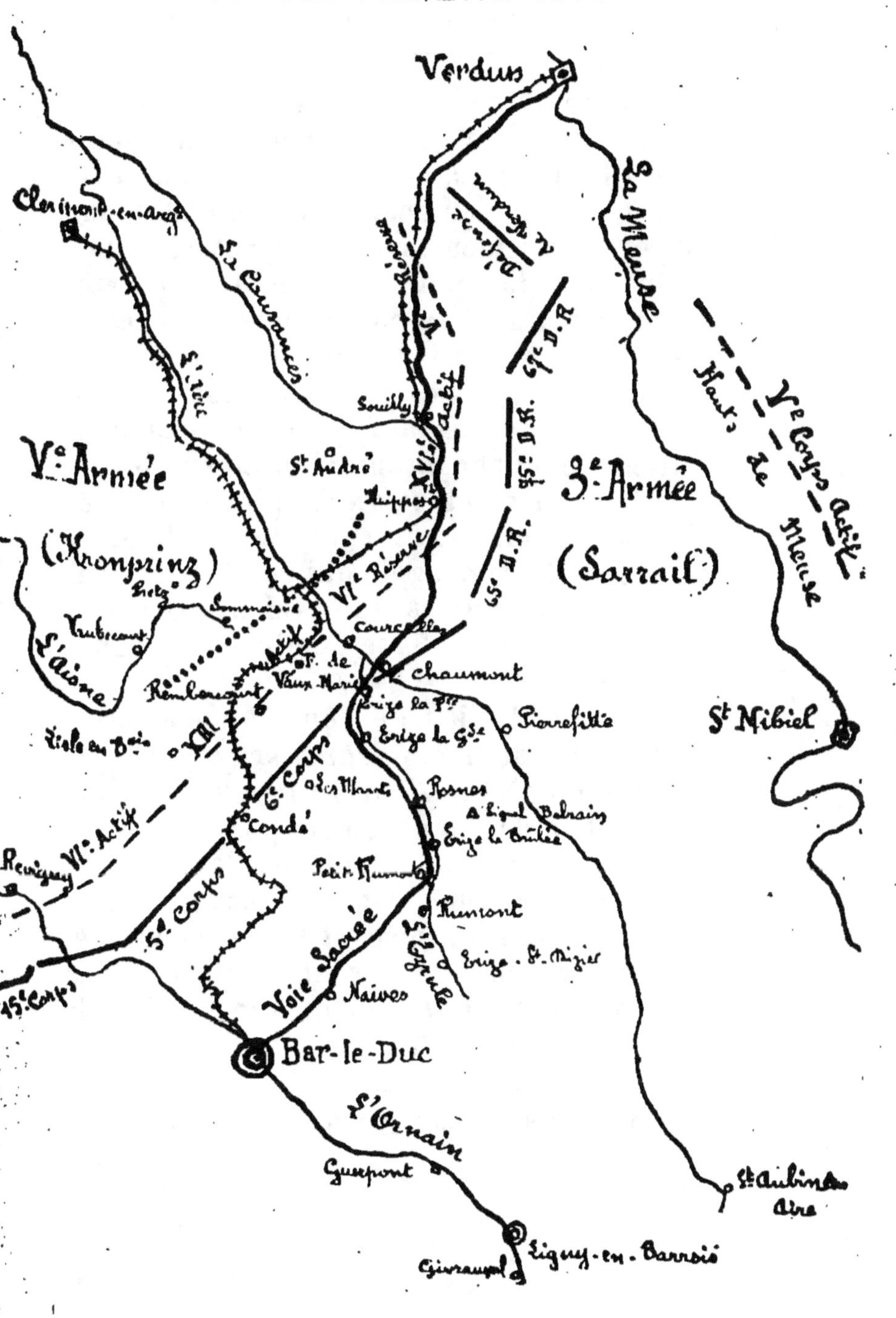

Le bataillon **est** décimé ; l'aperçu **des** pertes de ma propre compagnie en fournira les preuves, hélas ! Le capitaine Jaubert, le sous-lieutenant Leclerc, l'adjudant Trézin, le sergent-major Jacoyot sont tués ainsi que de nombreux sergents, caporaux et chasseurs. Aux compagnies voisines il en est de même et la mort fauche notamment les capitaines Jolin et Roussel. « Le soir du 10, au signal Belrain, le lieutenant Itier, commandant provisoirement le bataillon, parvint à rassembler 650 hommes et 4 officiers, seuls survivants valides (y compris la compagnie qui était en réserve) des 1.400 hommes qui avaient combattu trois jours sur la ligne Rembercourt-Vaux-Marie » (1).

Ce terrible lieu de combat a été justement surnommé : *le cimetière du 29ᵉ*.

De son côté le 25ᵉ avait perdu 7 officiers et 150 gradés ou chasseurs (1).

Le 11 septembre l'ennemi devait commencer son mouvement de recul ; la résistance de la IIIᵉ armée, et tout particulièrement de son 6ᵉ corps et des chasseurs à pied, avait puissamment contribué à la **Victoire de la Marne**.

______

(1) D'après l'historique des deux Bataillons.

Autour de Saint-Mihiel

Au lendemain de la Vaux-Marie, le Chef de Bataillon Zerbini — qui commandait la 4e compagnie au départ en campagne — prend le commandement du 29e; après un séjour et quelques combats d'avant-garde aux environs de Verdun, dans les bois de Maucourt et de Mogeville, le bataillon est ramené à marches forcées près de Saint-Mihiel. Arrivé à Troyon, très tard dans la nuit, il quitte son cantonnement pour attaquer au bois du Gilaumont et « pendant deux jours (22 et 23 septembre) ce sont des combats sous bois meurtriers et sanglants où le 29e montre autant d'ardeur dans l'attaque qu'il avait fait preuve de ténacité quelques jours avant dans la défense » (1).

De son côté, le 25e B.C.P., qui était lui aussi en position vers Maucourt, a été ramené le 21 septembre à Belrupt où il reçoit l'ordre, le 22, de reprendre Senonville et le Bois du Gilaumont.

Les combats à la baïonnette dans le

---

(1) D'après l'historique du bataillon.

taillis, par lesquels fut brisée la ruée boche, resteront légendaires dans les deux bataillons.

Après des alternatives de succès et d'échecs partiels, la ligne de défense allait s'établir auprès de Rouvrois-sur-Meuse, qu'allaient tenir les deux bataillons.

C'est alors le commencement de la guerre de siège et l'organisation de secteurs (octobre-novembre). La zône d'action s'étend aux villages de Lacroix, Lamorville, Spada, Rouvrois, Maizey (voir carte).

Le 6 novembre, le 29e et le 25 B. C. P. sont cités à l'ordre de la 80e brigade (quartier de Lacroix-sur Meuse) « pour le soin apporté à leur installation à Rouvrois et à Maizey ; gradés et chasseurs n'ont pas ménagé leur peine, mais les résultats obtenus sont remarquables et méritent d'être cités à l'ordre de la brigade » (1).

Le 16 novembre, pour coopérer à une attaque générale sur Chauvoncourt (menée par la 65e D. R. avec appui de la 40e D. I.), le bataillon et son inséparable frère d'armes le 25e « s'élancent à l'assaut de la cote 322 (Sainte-Marie) (2) dé-

---

(1) Texte de la citation.
(2) (3 kil. nord de Saint-Mihiel) le capitaine de

fendue en première ligne par une tranchée blindée et complètement recouverte. Le 17 au matin, après avoir presque anéanti une compagnie bavaroise qui avait tenté une contre-attaque, ils arrivent à moins de 100 mètres de la tranchée ennemie. A 15 h.30, au moment où la 65ᵉ D. R. prononçait un nouvel effort contre Chauvoncourt, ils s'élancent pour la deuxième fois à l'assaut contre la tranchée ennemie. Arrêtés par le feu ajusté des tireurs ennemis complètement abrités, ils se reforment sur l'emplacement d'où ils sont partis à l'assaut et y restent encore six heures, jusqu'au moment où ils reçoivent l'ordre de regagner les parallèles de départ, après avoir emporté leurs blessés et même enlevé ou enterré la plupart de leurs morts (1) ».

Le 30 novembre, le Général Sarrail, commandant la 3ᵉ armée cite, à l'Ordre de l'Armée (nᵒ 82).

Lardemelle qui conduit l'assaut des Compagnies du 25ᵉ est tué (fils du Général de Lardemelle Georges, cousin-germain du Général de Lardemelle, actuellement Gouverneur de Metz).

(1) Texte même de la citation à l'ordre de la 40ᵉ Division, nᵒ 22, accordée aux 25ᵉ et 29ᵉ B.C.P., le 19 novembre 1914 (Général Lecomte, quartier général de Troyon), « pour l'intrépidité dont ils ont fait preuve les 16 et 17 novembre ».

« Le 29ᵉ bataillon de chasseurs à pied :
« Superbe attitude depuis le début de
« la campagne et notamment en septem-
« bre dernier, où il a montré ce qu'un ba-
« taillon de chasseurs, entraîné et vibrant,
« peut donner lorsqu'il est fait appel à sa
« résistance, à son énergie et à sa bra-
« voure ».

La première année terrible allait bientôt
se terminer : le 29ᵉ et le 25ᵉ B. C. P. partis
de Saint-Mihiel le 31 juillet étaient revenus
à leur point de départ, terminant ainsi le
sanglant mais glorieux **Circuit de Verdun**.

1915

LA GUERRE DE POSITION

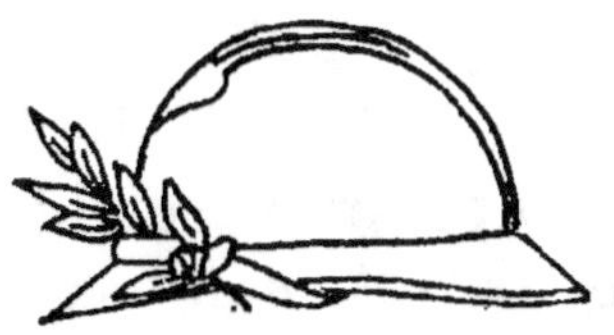

Les Secteurs du Bois de la Selouze
et des Eparges

L'année 1915 trouvera le 29e Bataillon dans la même zone d'action, en secteur au bois de la Selouze, et rattaché depuis peu à la 67e D. I.

Le 25e occupe toujours le secteur de Rouvrois. Le 20 mars, il est relevé pour cantonner quelques jours à Rupt-en-Woëvre avec entraînement pour l'attaque. Le 26, il se porte en première ligne avec ordre d'enlever la crête qui sépare le Longeau supérieur de la Woëvre; le lendemain, les 2e et 3e compagnies s'élancent en liaison avec le 54e R. I., tandis que les clairons sonnent la charge. Les mitrailleuses ennemies fauchent la première vague; la deuxième vague est clouée sur place après une avance insignifiante. Le bataillon descend pour prendre huit jours de repos à Dieue.

Le 7 avril, le 29e est chargé d'attaquer une lisière fortement organisée du bois de

Lamorville ; opération semblable à celle de la cote 32² et, comme elle, lourde de sacrifices : dix officiers sont hors de combat.

Le Commandant Zerbini, chef intrépide, toujours sur la brèche, est blessé et évacué ; il est cité à l'Ordre de l'Armée, n° 167, en ces termes :

« A commandé son Bataillon depuis huit mois avec une énergie remarquable, a fait preuve d'une bravoure absolue aux combats du 16 septembre, des 22 et 23 septembre, des 16 et 17 novembre ; a été blessé le 7 avril en sortant des tranchées pour commander l'assaut. »

Il reviendra à son poste de combat en juin, à peine guéri. Pendant ce temps le bataillon, qui vient d'être cité à nouveau à l'Ordre de la Brigade, a quitté la 67ᵉ D. I. pour faire partie de la 127ᵉ D. I., formée à Génicourt-sur-Meuse, le 15 juin, sous les ordres du Général Briant.

Au début de juin, le 25ᵉ passe, lui aussi, à la nouvelle 127ᵉ D. I. composée d'une brigade bleue (19ᵉ, 25ᵉ, 26ᵉ, 29ᵉ B. C. P.) et d'une brigade d'infanterie (171ᵉ et 172ᵉ R. I.).

Les mois qui viennent de s'écouler ont

été glorieux pour ses armes. « Chargé d'une attaque le 7 avril aux Eparges, l'ordre ne peut être exécuté en raison du barrage d'artillerie aussitôt déclanché par l'ennemi ; de nombreux blessés meurent enlisés dans la boue, dans cette boue légendaire des Eparges qui, profonde d'un mètre par endroits, avançait dans les boyaux abrupts comme une coulée de lave ».

Le 8 avril, à 9 heures, le signal est donné ; malgré les obus et les mitrailleuses, sur ce sol bouleversé et détrempé, d'un seul bond la crête est atteinte. Toute la garnison des tranchées boches est tuée jusqu'au dernier homme. Une violente contre-attaque est rejetée dans la nuit. Le 9 avril, à 15 heures, une nouvelle attaque à la baïonnette permet de dépasser la crête. Le succès est complet, l'ennemi ne réagit que par un bombardement d'une violence extrême qui continue le 10 et sous lequel il faut organiser la position et refaire inlassablement les tranchées toujours comblées. Le 10 au soir, le bataillon était relevé ; pendant ces quatre journées il avait perdu 9 officiers et 465 chasseurs. Les survivants étaient restés tout ce temps sans vivres ni boisson. Mais la page la plus glorieuse de l'Histoire du 25e Bataillon avait été écrite ; le lendemain il était cité à l'Ordre de l'Armée en ces termes :

« Le 25ᵉ B. C. P. a donné, depuis le début de la campagne, de nombreuses marques de haute valeur qu'il vient encore d'affirmer en s'emparant, après une lutte qui a duré plus d'un mois, de la position fortifiée des Eparges, dont il a complètement chassé l'ennemi... »

Après quelques jours de repos, le 25ᵉ tient une dernière fois, du 17 au 21 avril, ce secteur qu'il a conquis. Aucune attaque ennemie ne se produit ; seul le bombardement reste toujours aussi violent. Le 25 avril, c'est à la tranchée de Calonne que le bataillon est appelé à l'improviste à contre-attaquer l'ennemi qui a bousculé les premières lignes des 67ᵉ et 301ᵉ R. I.. La lutte a lieu dans la nuit. Le 27 et le 29 nouvelles poussées en avant et jusqu'au 5 mai organisation de ce secteur A cette date, après un bombardement violent qui dure huit heures, l'ennemi attaque sur tout le front Par 3 fois, le 25ᵉ repousse l'assaut. Après 4 jours encore de bombardement et de durs travaux, le bataillon est enfin relevé le 9 mai et va prendre quinze jours de repos à Dieue. Après quoi, du 22 mai au 17 juin, il occupe un secteur calme avant de rejoindre sa nouvelle division la 127e.

Durant cette période, chargée de gloire pour le 25e B. C. P., le 29e n'est pas resté inactif. Après les opérations du Bois de la Selouze, il est relevé pour venir dans le secteur des Eparges où, pendant dix jours, il livre des combats partiels et meurtriers, et est soumis à de violents bombardements dans le ravin de Sonvaux.

. Le 26 juin, une attaque allemande ayant enlevé au 51e R. I. la ligne des tranchées de crête de l'éperon 342, dit éperon des mitrailleurs, à l'ouest des Eparges, une attaque est ordonnée pour le 29 juin par le 19e B. C. P., soutenu par le 25e, pour la reprendre. Elle doit se faire par surprise, sans préparation d'artillerie, mais les troupes montent en ligne de jour, sont repérées et lorsqu'à 11 heures elles veulent déboucher, elles sont arrêtées par un effroyable barrage.

L'attaque est reprise le 6 juillet par le 25e et, malgré l'acharnement de l'ennemi, la crête est réoccupée au prix de lourdes pertes.

C'est la fin du secteur des Eparges pour la belle 127e D. I. qui a montré, dès sa formation, tout ce qu'on pouvait attendre d'elle dans l'avenir. Le 8 juillet, le 29e est envoyé au repos dans la vallée de l'Aire ; le 25ᵉ gagne Neuville en-Verdunois (9 kil. sud de Souilly) et tous deux vont se préparer à la grande offensive du 25 septembre, en Champagne, leur nouveau secteur. Sur ce coin du front, le Commandant Zerbini sera une nouvelle fois blessé et cité à l'Ordre de la 4ᵉ Armée, n° 417 :

« Le 26 septembre a enlevé son Bataillon dans un magnifique élan à l'attaque des positions fortement organisées et l'a maintenu dans le terrain gagné malgré un feu violent de mitrailleuses et d'artillerie.

Atteint de trois blessures au début de la journée, n'a consenti à abandonner son commandement que le soir, à bout de forces. »

Mais les combats sur le sol meusien ne sont pas terminés et Verdun, une fois encore, fera appel à la vaillance des **Chasseurs de Saint-Mihiel.**

1916

LA BATAILLE DE VERDUN

> « Pendant des siècles, sur tous
> les points du globe, le nom de Ver-
> dun continuera de retentir comme
> une clameur de victoire et comme
> un cri de joie poussé par l'huma-
> nité. »
>
> R. POINCARÉ.

« L'héroïque résistance que les troupes
« françaises opposèrent à la ruée allemande
« souleva l'admiration du monde. Ce coin
« du front où, pendant des mois, nos sol-
« dats luttèrent dans les conditions les plus
« épouvantables, devint le symbole de
« l'énergie et de la volonté de la France. »

Coup d'œil d'ensemble
sur la Bataille de Verdun
(Février-Novembre 1916)

La place forte de Verdun avait un grand prestige aux yeux des Allemands. Le Kronprinz n'avait pu la prendre en août-septembre 1914, elle restait le grand barrage de la Meuse en face de Metz.

« On avait réservé au Kronprinz d'Allemagne cette opération grandiose dont le succès était considéré comme certain. Il s'agissait d'abord de prendre Verdun, puis de réaliser la grande trouée dans les lignes françaises et de recommencer la marche contre notre capitale. Le 21 et le 22 février 1916, un bombardement d'une violence encore inconnue pulvérisa nos retranchements, après quoi les Allemands se lancèrent à l'attaque. L'armée française de Verdun, placée sous les ordres du Général Pétain dès le 5ᵉ jour de la bataille, résista héroïquement. Avec autant de rage que d'entêtement, le Kronprinz lança contre nous pendant des semaines, pendant des mois, les meilleures troupes de l'armée allemande.

La ruée qui avait pu pénétrer le 26 février jusque dans le Fort de Douaumont avait été arrêtée à quelques kilomètres seulement de Verdun. Jusqu'à la fin avril 1916, les efforts de l'ennemi ne se calmèrent point. Après un répit léger, ils reprirent en mai une violence nouvelle, notamment sur la rive gauche de la Meuse contre le Mort-Homme. Sur la rive droite de sanglants combats se déroulaient encore. Le Fort de Vaux tombait à son tour le 7 juin. Les Allemands parvenaient jusqu'à l'ouvrage de Thiaumont et devant le Fort de Souville. Ils s'y brisèrent une première fois, après 2 mois d'acharnement, le 30 juillet, et définitivement cette fois le 29 septembre.

A ce moment l'on peut dire que la tentative sur Verdun était abandonnée et que le Kronprinz s'était résigné à la faillite de son rêve.

Le 24 octobre le Fort de Douaumont était repris.

Le 2 novembre le Fort de Vaux était réoccupé.

La grande bataille de Verdun était terminée. »

(Extrait de : « Coup d'œil d'ensemble sur la Grande Guerre »).

La lutte sur la rive droite en Juin 1916

Le fort de Vaux était tombé au pouvoir de l'ennemi le 7 juin ; vers la fin de ce mois la lutte pour Verdun allait reprendre une intensité nouvelle.

... « Le Commandement allemand comptait bien, cette fois, culbuter l'obstacle. Il n'avait pu atteindre la place le 15 juin, date fixée par le Kaiser ; mais par un suprême effort, il avait le ferme espoir que l'échéance n'aurait été que faiblement retardée. Des corps d'élite étaient appelés : le 1er régiment bavarois, que d'aucuns plaçaient avant la guerre, au-dessus même de la garde ; le IIIe corps bavarois, le célèbre XVe corps, de Metz, le corps alpin, les 19e, 1re, 103e divisions. Une artillerie formidable était réunie : 380 et 420 en faisaient partie... On était également si sûr du succès qu'ordre avait été donné d'amener de l'arrière les drapeaux des régiments, afin qu'ils pussent être déployés en tête des troupes pour l'entrée triomphale dans la ville.

Enfin l'Empereur était là.

La préparation d'artillerie commença le 21. La zone Froide-Terre, Fleury, Souville, Tavannes subit un bombardement d'une intensité inconnue jusque-là. Le 22, dans l'après-midi, une opération de détail permit aux boches de progresser entre le bois de Vaux-Chapitre et celui du Chênois, et ainsi de se rapprocher de l'objectif convoité : le fort de Souville. Enfin, ce même jour, à 21 h. 30, tout le futur front d'attaque, de Froide-Terre aux abords de Tavannes, était couvert d'une nappe d'obus asphyxiants, qu'on évalua à plus de 100.000 projectiles.

Estimant avoir neutralisé nos batteries, interdit à tout renfort ou ravitaillement l'accès de nos lignes, l'ennemi lançait son infanterie à l'assaut, le lendemain vendredi 23 juin, à 6 heures du matin.

Les cinq divisions que nous alignions de Froide-Terre à Tavannes, de l'ouest à l'est, les 24e, 23e, 126e, 21e et 130e, reçurent le choc de dix-sept régiments.

Les Ier et IIIe corps d'armée bavarois

marchaient sur l'ouvrage de Thiaumont, puis sur Froide-Terre, et le corps Alpin sur Fleury ; à la 103ᵉ division d'infanterie allemande incombait la tâche de prendre Souville.

A gauche et au centre, les Bavarois et le corps Alpin réussirent à nous faire plier. L'ouvrage de Thiaumont et l'emplacement de Fleury tombèrent entre leurs mains ; mais à gauche, la 103ᵉ division d'infanterie était tenue en échec par notre 130ᵉ division. Toutefois, l'avance à notre gauche des Bavarois était rapidement enrayée et des éléments des 10ᵉ, 20ᵉ et 24ᵉ régiments bavarois s'étant aventurés jusqu'à l'ouvrage de Froide-Terre en étaient refoulés par une contre-attaque immédiate.

Pendant trois jours, les 24, 25 et 26 juin, on se disputa âprement le terrain entre Thiaumont et le Ravin des Fontaines. Dans les journées qui suivirent, les combats de détails se multiplièrent où se manifesta la magnifique opiniâtreté du soldat français.

Le 3 juillet c'était la batterie de Damloup qui se trouvait assaillie.

Le 4 juillet c'était au nord de Froide-Terre, que nous étions attaqués.

Le 11 juillet, le Kronprinz résolut de tenter un dernier assaut pour la conquête de Souville. Fleury, le bois de Vaux-Chapitre et le Chênois sont de nouveau attaqués ; de Thiaumont à la batterie de Damloup, la lutte est acharnée.

. . . .

C'est la fin de l'effort allemand.

Le dernier soubresaut est resté sans résultat.

Le flot désormais va reculer. »

(Extrait de « La Grande Guerre par les Combattants » :
La bataille de Verdun par le Capitaine Charles Delvert).

. . . .
. . . .

Les lignes qui vont suivre diront ce que furent, dans ces secteurs infernaux, les derniers jours de juin et le début de juillet pour les Chasseurs de Saint-Mihiel.

FACE AU FORT DE VAUX

De la Champagne à Verdun

Depuis longtemps on parlait de quitter nos secteurs de la butte de Souain et de la ferme de Navarin pour aller au grand repos affirmaient les uns, dans tel ou tel coin assuraient d'autres, à Verdun prédisaient les mieux renseignés. Les commentaires allaient leur train. De fait, ces derniers avaient raison, car c'était à Verdun que nous devions aller... notre tour venu.

Et, ma foi, nous n'en étions nullement fâchés, d'abord parce que nous étions un bon nombre de meusiens au Corps, puis aussi par fierté car, depuis le début de l'offensive sur Verdun, le communiqué lui était entièrement réservé et les bombardements, les attaques aux gaz, les coups de main faits ou subis dans nos secteurs passaient pour si peu qu'une ligne seule au communiqué mentionnait « en Champagne, vers Navarin, bombardement », ce qui était traduit en somme par « très calme ».

Donc, pour l'honneur de chacun, il fallait Verdun à notre actif.

C'est au début de juin que nous sommes relevés par le 135° R. I. d'Angers. A ce moment ma compagnie est au bois « C 2 », secteur merveilleusement organisé, comme tout ce coin de Champagne du reste. Je suis chargé d'aller au « bois de la Chenille » à la rencontre des arrivants qui louent la façon dont tout est organisé : sapes souterraines, tranchées, boyaux, abris à tôles cintrées, etc...

La relève faite, c'est le départ du Bataillon pour Sarry près de Châlons, où nous restons quelques jours avant d'embarquer en camions pour la Meuse.

Après un court séjour, nous quittons Pretz-en-Argonne en camions et débarquons à Nixéville le 20 juin. Nous gagnons Haudainville à pied par Dugny. Arrivée à 8 heures du soir avec fatigue. Le canon tonne ferme. Je loge au milieu du village dans la maison abandonnée de M. Dargent, si j'en juge par des cartes postales trouvées là. Nous attendons l'ordre de monter en ligne et touchons un bidon supplémentaire de 2 litres.

Le Secteur du Bois Chênois

C'est le 28, à 5 heures du soir, que nous quittons Haudainville. Le 25e également. Les 171e et 172e R. I. sont en ligne, depuis plusieurs jours. Un officier par compagnie part en avant sous la direction du capitaine du Boishamon afin de prendre les instructions dernières au Poste de Commandement de la brigade. Nous traversons Belrupt, lieu de cantonnement des troupes montantes ou descendantes et nous nous engageons dans le sentier sous bois. La pluie de ces jours derniers a détrempé le sol, le chemin est escarpé, le pied enfonce, on glisse, la chemise mouille. Nos braves poilus vont « prendre la bourre » avec leur chargement plus que complet.

Nous faisons une pause; je constate qu'une petite bouteille d'alcool de réserve s'est vidée dans ma musette. Il me reste comme boisson 2 litres d'eau et un de rhum.

La canonnade que l'on entendait si bien de Haudainville se rapproche. Quel tonnerre ! Les trous de marmites sont nombreux et pleins d'eau. Nous arrivons à la route, d'où nous voyons Verdun assez proche à vol d'oiseau. Nous longeons cette route pendant 150 mètres, puis descendons le ravin boisé ; le camarade Faduilhe trouve un petit hérisson qu'il emporte en riant... dans son casque Au bas du ravin, les batteries d'artillerie de 155. . 105... 75 sont installées et tirent.

Le P. C. de la Brigade est là, à la butte de tir. Nous sommes à 4 ou 5 km. des premières lignes, probablement. Quelques obus tombent sur la droite, les boches cherchent nos batteries.

Nous recevons l'ordre à transmettre à notre compagnie respective : pause jusqu'à 21 heures — il n'est que 19 heures — colonnes par 2, face au nord, direction des lignes où le secteur de chacune est bien déterminé.

Les compagnies arrivent en colonne par un ; nous suivons le défilé des yeux, attendant la nôtre. On serre des mains au passage ; les nerfs sont tendus, il y a de l'émotion dans l'air.

Pause ! On cause, on fume.

Les chefs de compagnie sont appelés au Commandant. Ainsi donc notre secteur est le bois Chênois. Notre bataillon est divisé en deux groupes commandés l'un par le capitaine Boulanger, l'autre par le capitaine Bertin ; le lieutenant Prioux prend le commandement de la 3e.

J'appartiens au groupe de droite. Les sections partent dans l'ordre normal 1re, 2e, etc... Nous contournons la butte de tir ; le Commandant Zerbini est là, mon capitaine aussi qui sourit à notre passage et me fait un signe d'amitié. Nous traversons la route au long de laquelle des pièces de marine crachent ferme.

Nous nous engageons dans le boyau d'Altkirch qui se termine avant les deuxièmes lignes ; là, au plus dangereux, c'est la plaine nue et dévastée.

L'avance est lente et fatigante dans ce boyau de hauteur inégale. De grosses marmites s'écrasent avec un fracas épouvantable, les éclats passent en hurlant, tombent autour de nous et s'enfoncent en terre avec un « frrou » caractéristique. La nuit est noire, on aperçoit par instant quelques fusées éclairantes.

Nous arrivons, après une longue marche, à l'emplacement des troupes de réserve — 19e chasseurs à pied — dont les hommes s'accroupissent dans les niches creusées aux parois de la tranchée pour nous laisser passer plus aisément.

La tête de la colonne fait circuler « silence absolu »... La fatigue se fait sentir mais l'instant étant tragique chacun ouvre les yeux plus grands. Voici la fin du boyau, maintenant c'est la plaine qu'éclairent les éclatements d'obus. Les sifflements se succèdent sans interruption. Combien on se sent petit dans un tel milieu.

Un sentier semble continuer le boyau ; nous courons afin de passer plus vite ce terrain balayé ; à la lueur des éclatements on aperçoit des cadavres çà et là. Une odeur de mort s'en dégage.

Arrivés au ravin du tunnel de Tavannes, nous attendons un moment. Il manque quelques poilus à ma section et les 3e et 4e sont un peu en arrière. Quand tout le monde est groupé, nous escaladons le flanc du ravin par un étroit sentier ; les obus tombent partout, on dirait que le boche sent une relève. J'ai devant moi un sergent, calme comme d'ordinaire, un obus éclate à quelques mètres et nous recouvre de terre, d'éclats morts ; l'un deux a touché mollement le sergent qui lance à l'adresse de l'artilleur boche une fameuse bordée d'injures.

Nous suivons docilement ceux de tête ; à chaque fusée on s'accroupit. Enfin, voici

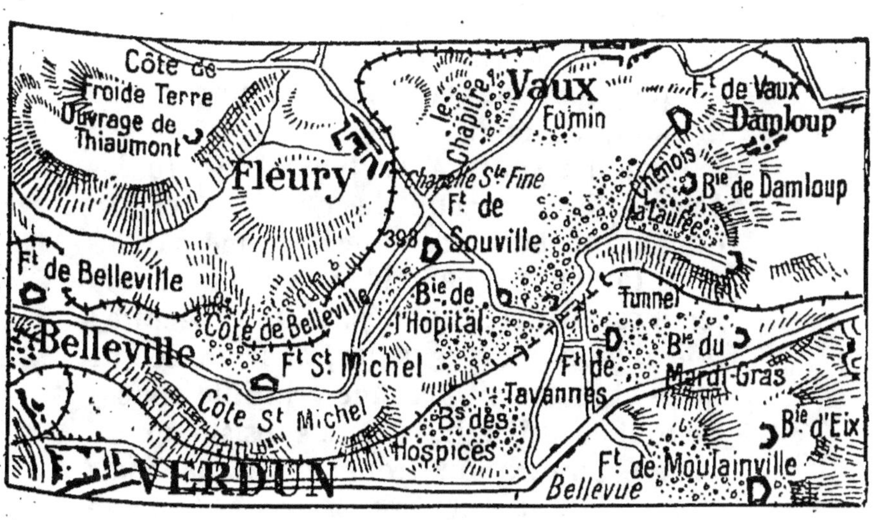

LE SECTEUR DE VAUX ET DU CHÊNOIS

la 1ʳᵉ ligne, il faut le savoir pour s'en apercevoir car il n'y a, comme partout, que trous d'obus. Le moment est critique et quiconque n'a pas vu cela, ni vécu ces minutes, ne saura jamais ce que c'est et ne s'en fera pas une idée exacte. Cela dépasse toute conception; ni description, ni photographie, rien ne peut approcher de la réalité, de ce que nous apercevons ce soir et que nous ne verrons réellement que demain, au jour.

Imaginez-vous, à la lueur des fusées éclairantes et à celle des obus, ce terrain qui fut un bois et qui est ravagé par les obus tombés par centaines de mille. . « la terre est brûlée, calcinée, cuite et recuite; noire, labourée par le fer, ensemencée de fonte et d'acier. Quel indescriptible chaos! De tout ce qui était, rien ne subsiste, qu'un vaste écumoire aux trous mouvants. Mais ce qui fait la suprême horreur de cette vision, c'est qu'on s'y trouve au royaume de la Mort. Elle plane sur ce coin, elle nous étreint, il semble qu'elle nous appelle et nous dise que d'être venus là nous allons devenir sa proie comme ceux que l'on devine ou que l'on aperçoit dans la nuit. »

Oh! cette marche à travers les cadavres, dans cette odeur! Et il y en a, et dans toutes les positions, en tas ici, isolés là et, au milieu d'eux, à côté d'eux, des poilus sont là qui veillent et font signe à notre passage de nous baisser à chaque fusée, ou d'un « chut » recommandent le silence, car les boches sont près.

Bien qu'endurcis, nous nous sentons quand même émus. Quelle horreur que la guerre !

On avance toujours. On passe les trous les uns après les autres, on tombe parfois, on se baisse à chaque pas sous les sifflements lugubres et l'explosion incessante de la mitraille boche qui nous force ainsi à nous accroupir une seconde contre des cadavres. Parfois dans ce bouleversement le pied mal assuré semble trouver un sol élastique ; hélas, c'est un corps gonflé qui s'écrase sous notre poids. Le pied oscille sur un tibia et un frisson nous parcourt.

Nous sommes enfin à nos emplacements, nous relevons le brave 171e R. I. Les morts que nous avons passés, ceux que nous allons trouver dans les trous que nous devons occuper, sont en grande partie de ce régiment. Nous apprenons que ces pertes ont eu lieu au moment de la relève : un bataillon du 171e s'étant égaré, c'est si facile dans ce coin, n'était arrivé là qu'au jour, trop tard pour faire la relève ; il lui a fallu attendre la nuit, massé dans ce petit espace où chaque obus a fait de nombreuses victimes.

La relève s'opère rapidement, les camarades relevés ont hâte d'être loin, cela se conçoit, mais sont inquiets, car ces instants coûtent souvent beaucoup de monde.

2 heures du matin. — Il fait nuit noire, les obus passent sans arrêt. Notre artillerie tape bien, mais les boches arrosent avec du plus gros. Les poilus sont placés. Je rectifie certaines positions, car le voisinage de cadavres fait que plusieurs hommes se sont un peu trop avancés ou reculés. Ici on ne peut enterrer les morts ; parfois un obus les enterre, mais fossoyeurs stupides, un autre fait l'inverse, peu après.

Les sentinelles veillent ; la fatigue est si forte que, malgré le bruyant concert des canons, on s'assoupit.

Le jour est venu, le ciel est sombre comme notre âme, je regarde par-dessus le trou où nous sommes à trois : Bidart sergent, mon ordonnance et moi. Avec les jumelles, entre deux mottes de terre qui me servent de créneau, je regarde le paysage. Devant nous un ravin, sur l'autre versant, juste en face, le fort de Vaux ; au long de la crête, quelques arbres se dessinent encore sur l'horizon, effroyablement déchiquetés, sortes d'allumettes géantes, noircies, desquelles pendent de lamentables lambeaux : c'est tout ce qui rappelle l'ancien bois du Chênois et de la Laufée.

Les marmites soulèvent d'épais nuages de fumée noire et de terre. A droite, assez loin, le village de Damloup et la Vallée de la Woëvre.

Nous sommes assis, jambes entrelacées ; la place manque pour s'allonger, on gagne des crampes, et pour comble de malheur, voici la pluie.

Vite les toiles de tente sont déroulées et clouées par-dessus nos têtes aux parois de notre « tombe éventuelle » avec des cartouches en guise de pointes. Nous ne voyons qu'en avant ; nous entendons le tapotement de l'eau sur la toile et le fracas qui continue sans une seconde d'arrêt, le jour comme la nuit. Hélas, l'abri est bien imparfait, l'eau coule le long des parois et nous glisse sur le dos, si bien qu'en quelques instants nous sommes trempés et dans notre trou transformé en mare, nous prenons un « bain de siège » idéal. Sans pitié, la pluie continue. Vrais paquets de terre, nous grelottons et maugréons, mais tant pis, c'est le sort du poilu. Telle est notre situation jusqu'au lendemain midi.

Le deuxième jour, un rayon de soleil essaye, avec une bonne volonté dont nous lui savons gré, de nous sécher un peu. Les heures sont longues. Le chasseur Lachenal, blessé au cours de la relève, est mort dans la nuit. Le nombre des tués pour chaque élément augmente trop rapidement, inévitable hélas, « sous ce feu terrible d'artillerie et les tirs harcelants d'infanterie et de mitrailleuses » (1).

Dans un trou, à quelque distance de là, le sergent Germain (2), engagé de la classe 17, blague et rit dans cet enfer. Quel admirable gosse ! Figure imberbe et éveillée, yeux sans cesse rieurs, accent de gavroche parisien, il est aussi endiablé dans le combat, que blagueur au cantonnement. Toujours prêt pour une patrouille, un coup de main, une mission quelconque ; son plai-

---

(1) D'après l'historique du Bataillon.
(2) Dans la Somme, à l'attaque de septembre, le sergent Germain à la tête de ses grenadiers devait se signaler tout particulièrement par son entrain et sa bravoure avant de tomber mortellement atteint sur le parapet de la tranchée ennemie.

sir est d'autant plus grand qu'il sait l'expédition plus périlleuse. Comme il justifie bien ces deux vers de Victor Hugo, vers que l'on jurerait écrits à l'intention de nos vis-à-vis.

«Vous n'avez pas pris garde au peuple que nous sommes!
« Chez nous, dans les grands jours, les enfants sont des hommes.

Le voici qui crie à l'adresse des boches, ses projets pour la prochaine permission, la « perm » qu'il attend, son tour étant venu, à la descente de ce coin. Entre les éclatements rageurs nous apprenons ainsi la surprise qu'il fera à sa bonne mère et la promesse qu'il obtiendra d'une petite midinette de son quartier de Ménilmontant. L'amour n'est pas exclu de cet enfer !

Germain et le chasseur Girod (1), parisien lui aussi, voilà l'anti-cafard souverain

---

(1) Girod Edmond fut, quelques mois plus tard, dans la Somme, l'objet d'une citation à l'ordre de la 127e Division, n° 87 : « Pendant les journées des 25, 26, 27 septembre 1916 s'est fait remarquer par son courage et son profond mépris du danger. Le 27 a repoussé avec sa demi-section une forte contre-attaque ennemie ».

A cette belle citation on aurait pu ajouter encore : A, dans la nuit du 25 au 26, relevé son officier (Lieutenant Jolibois) grièvement blessé et l'a transporté, malgré le danger et les difficultés sans de la section, plus même, de la compagnie tout entière.

Pour nous distraire, nous décidons de baptiser notre petit coin. Chacun propose un nom, amusant ou retentissant ; mais le jury improvisé se montre difficile. Finalement, celui que je viens de lancer prévaut et rallie les suffrages : nos trous forment désormais « le coin du Roi Albert ».

Ainsi, dans cet enfer, nous témoignons aux vaillants combattants belges et à leur héroïque Chef et Roi, notre reconnaissance et notre admiration. Comme eux en 1914, nous tiendrons jusqu'au bout.

Tiens, les boches auraient-ils pressenti ce serment tacite ? . un obus tombe à quelques mètres à peine et nous couvre d'éclats, de terre et de fumée. Ce qui fait dire à Germain une minute après : « quelle camelotte que leurs obus pour se briser de la sorte ! »

. . . .

Notre compagnie est bien postée : la section de l'adjudant Lefèvre, la 1re, est à ma droite ; à gauche, le lieutenant Prioux avec

---

nombre, dans un abri de la ligne de départ, lui témoignant par ses paroles et ses gestes la noblesse de ses sentiments.

Mort en 1923 des suites d'une blessure de guerre.

ses agents de liaison et le sergent-major Giroult, occupent le milieu de la compagnie ; les 3e et 4e sections, cette dernière sous les ordres du lieutenant Bourdrel, étant à gauche.

Nous pensons être 4 jours en ligne, chaque homme a emporté 4 jours de vivres et 3 litres d'eau. Dans cette atmosphère de fièvre on mange peu, mais on est vite altéré. Nous avons été prévenus de ne compter sur aucun ravitaillement pendant cette période ; on doit donc ménager. L'officier d'approvisionnement, le charmant camarade Henriot, fera cependant tout le possible. Le 4e jour, les bidons sont vides ; la relève annoncée doit arriver au milieu de la nuit ; ce sont deux bataillons du 217e R. I. Nos agents de liaison sont partis à leur rencontre, les heures passent et nous attendons en vain. Le jour pointe, nous redoutons la relève au petit jour. A quatre pattes je rampe vers Prioux : il ne sait rien ; la relève s'est peut être égarée ?

Voici le jour, c'est trop tard maintenant. La 5e journée commence et rien à boire. La veille, à gouttes comptées, nous avons vidé nos bidons. Heureusement, mon ordonnance a un peu d'alcool de menthe et des pastilles de cachou. C'est peu et c'est beaucoup. Hélas, nos poilus n'ont plus rien, la veille je leur ai distribué, dans la nuit, ce qui restait de rhum. J'ai des blessés et des tués ; les compagnies fondent de jour en jour.

Partir à l'attaque sur l'ennemi, c'est un geste toujours splendide ; tenir ici, sur ce sol tour à tour boueux ou brûlant, dans des trous pouvant devenir des tombes ; être arrosés d'éclats meurtriers, de phosphore et de terre ; avoir les nerfs ébranlés par les commotions, est-ce moins beau ?

A cela, ajoutez le voisinage immédiat des morts, les bouffées d'air fétide qui suffoquent par moment, la souffrance horrible de la soif, durant plusieurs jours et plusieurs nuits, à un point tel que beaucoup de nos hommes se sont vus réduits à boire leur urine, et vous aurez une idée de ce qu'est notre séjour « dans cet enfer terrifiant que fut la bataille de Verdun ».

Le 5ᵉ jour semble interminable. Le bombardement paraît être plus intense et plus précis. Notre coin est encadré de très près, surtout à la tombée de la nuit où certains obus nous couvrent de phosphore qui continue à brûler sur nos effets, les tachetant de points lumineux.

Une batterie boche en particulier nous

énerve ; elle tire de la Woëvre ; le sifflement de ses obus se distingue des autres
dans le fracas.

Pendant ces cinq jours les avions se sont
montrés actifs. Le 2e jour, tandis qu'un bi-
plan français était occupé à repérer nos
lignes, un Fokker arrive très haut dans les
nuages, plane un instant et pique droit sur
le nôtre qui l'aperçoit juste à temps pour
s'échapper avec peine. Le boche reprend
de la hauteur et tourne longtemps sur nos
têtes cherchant une autre proie. Nous
avons eu peur pour nos aviateurs.

Le 4e jour, un autre spectacle nous
comble de joie. Deux monoplans boches
évoluent à grande hauteur, disparaissant
par instants dans les nuages ; nous les suivons des yeux. Tout à coup, trompés sans
doute par ces nuages dont ils sortent, nous
les voyons entrer en collision et dans une
superbe chute, en de fous tournoiements, ils
viennent s'écraser sur leurs propres lignes.
Nous sommes contents et battons des mains.

La nuit est venue ; cette fois nous attendons la relève avec hâte ; je glisse de trou
en trou voir mes poilus. Certains, à bout
de force, accroupis, somnolant tout hébé-
tés, ont dû boire leur urine pour calmer
leur soif.

Sur la crête, à gauche du fort de Vaux, les boches font comme nous, ils quittent leurs trous furtivement ; leurs silhouettes se découpent sur le ciel qui s'assombrit. Nous tiraillons avec plaisir sur ces ombres, cela fait du bien et détend les nerfs. L'ennemi fait de même d'ailleurs et les balles de mitrailleuses passent en rafales.

10 heures du soir. — La relève arrive du tunnel de Tavannes, tout près en somme, en arrière de nous. Hier, ils se sont égarés et se sont réfugiés sous le tunnel. Certains de ces hommes portent une fusée éclairante à baguette. La relève est longue, ayant lieu par fraction. Le rassemblement de nos unités a lieu au tunnel de Tavannes.

Le tunnel offre un spectacle peu banal, il y règne une demi-clarté ; une odeur infecte s'en dégage. Le sol est couvert de boue. Des bataillons entiers sont là, entassés, les hommes couchés, assis ou debouts. Des blessés en quantité, des morts, des débris de toute sorte. Et, dans ce milieu, les uns mangent, causent, d'autres dorment ; mais tous les visages sont graves.

Les quelques tonneaux à eau sont vidés et il ne reste rien pour nous, aussi de pauvres diables de poilus lèchent les murs humides du tunnel, d'autres, faisant queue, se bousculent auprès d'un robinet coulant goutte à goutte ; certains autres las d'attendre élèvent leur gamelle vers une gouttière qui tombe de la voûte. Je puis moi-même boire ainsi une gorgée d'eau et avec quel plaisir.

Peu à peu les compagnies arrivent, on serre des mains au passage, on nomme ceux qui y sont restés et les blessés connus : le total est impressionnant (1).

Après trois quarts d'heure de pause, nous partons. Ce tunnel qui a plus de 1.500 mètres de long, est un merveilleux abri, mais le danger est à la sortie et à l'entrée bombardées sans cesse. Ma compagnie passe sans accroc, d'autres sont moins heureuses, c'est ainsi que le sous lieutenant Banbanasty est tué.

Il faut faire vite ; on suit la voie ferrée avant de s'engager dans le ravin qui conduit à la butte de tir, le P.C. de la brigade.

La marche est pénible ; nous buvons l'eau sale et boueuse amassée dans les trous

---

(1) Les lieutenants Mignon et Morio sont morts ; le capitaine Rouyer, lieutenant Pairis, sous-lieutenants Humblot, Malaguti, Busserolo sont blessés.

d'obus, les ornières, et arrivons à l'emplacement où nous avions fait la pause avant de monter. Là, c'est la halte. Il est 2 heures du matin. Les tonneaux d'eau des artilleurs sont vidés en un instant... on boit... on boit... les forces reviennent.

La marche reprend, les hommes causent se sentant en sécurité ; au jour nous entrons à Belrupt où nous cantonnons. Le village est peu abîmé, aucun civil bien entendu, partout de la troupe, des convois.

L'attaque de nuit

Il y a quarante-huit heures que nous sommes au repos à Belrupt, lorsqu'on parle d'une attaque à exécuter par une partie du bataillon, dont un certain nombre de volontaires.

Les Allemands ont transformé en petite forteresse un lieudit « le Dépôt », le long de la ligne de chemin de fer de Verdun à Étain. On peut craindre que de ce point avancé de leurs lignes ne sorte une attaque contre la route de Souville et celle de Tavannes, d'où la nécessité de réduire ce saillant.

Dès le 1er juillet, le capitaine Drumillon

est chargé d'une reconnaissance, il gagne, avec onze grenadiers et un sous-lieutenant la voie du chemin de fer et, en rampant, arrive jusqu'à la première tranchée ennemie qui est arrosée de grenades à la grande surprise de ses occupants.

Deux jours après. on se prépare à l'assaut ; tout est préparé, étudié avec soin. Le capitaine du Boishamon dirige l'attaque ; une compagnie renforcée est commandée par le capitaine Boulanger, l'autre par le capitaine Drumillon. Sous de tels chefs, le succès semble certain.

Le 4 juillet au soir, les deux compagnies montent en ligne. Nous qui restons à Belrupt, nous les voyons partir avec émotion et les accompagnons à l'extrémité du village. Notre Commandant serre la main à chaque officier et donne une affectueuse accolade au capitaine Boulanger.

Ce geste nous touche. C'est l'adieu le plus émouvant d'un chef, en même temps que la marque la plus éclatante d'affectueuse estime pour notre capitaine.

Le Commandant Zerbini est, depuis septembre 1914, l'âme du bataillon ; il l'a fait sien à un point tel qu'on n'imagine pas l'un sans l'autre. Chef énergique et résolu, il possède toutes les qualités du commandement et les a prouvées en maintes circonstances, au cours des longs mois de lutte. C'est aussi un homme de cœur qui cache, sous l'écorce parfois rude du soldat, une profonde sensibilité et une extrême bonté.

Ne craignant jamais le danger il peut tout exiger de ses subordonnés qui, tous, sont fiers de servir sous ses ordres, jusqu'au sacrifice suprême, s'il le faut.

Le capitaine Boulanger est, lui aussi, un chef admirable. Infatigable, insouciant du danger pour lui-même, il possède le secret de se faire aimer de ceux qui l'entourent, à qui il applique une discipline à la fois stricte et bienveillante. C'est, après notre Commandant, le meilleur entraîneur d'hommes.

Les compagnies sont en ligne ; elles sont prêtes à l'action lorsque brusquement, au milieu de la nuit, se déclanche l'attaque boche, probablement destinée à forcer l'accès de Souville. L'ennemi a mal choisi son heure, car il trouve des troupes prêtes à lui tomber dessus.

Aussi, son élan est-il en quelques instants, brisé par nos mitrailleuses et nos fusils et ses hommes rejetés avec pertes.

A l'heure voulue, les nôtres attaquent à leur tour. L'aile gauche et l'aile droite se jettent sur les lignes ennemies, mais le centre, trop éprouvé par le marmitage, ne peut avancer du même pas. La droite et la gauche ont cependant atteint les tranchées. Le lieutenant Edinger, blessé mortellement, est tombé; le lieutenant Faduilhe franchit également les trous boches, mais tombe à son tour. Le lieutenant Fontaine est blessé d'un coup de baïonnette et d'un éclat de grenade. La tranchée est prise, occupée, mais devra être bientôt abandonnée. Toutefois l'attaque boche est brisée.

Les citations suivantes, à l'Ordre de l'Armée, diront ce que fut le combat :

« Chasseur P..., le 5 juillet, est allé jusqu'au parapet de la tranchée ennemie, seul survivant de son groupe de grenadiers. A épuisé ses grenades et les cartouches de son pistolet sur un groupe ennemi qu'il a anéanti. A ainsi permis à deux de ses camarades, par un sublime dévouement, d'enlever leur officier blessé. »

« Capitaine Boulanger, le 5 juillet 1916, a brillamment conduit sa compagnie à l'attaque, donnant à tous l'exemple du plus complet mépris de la mort; a, malgré un feu de mitrailleuses et de mousqueterie des plus violents, entraîné sa troupe jusque dans la tranchée allemande et fait subir à l'ennemi des pertes importantes. Déjà cité à l'Ordre de l'Armée ».

« Capitaine Drumillon, le 1er juillet 1916, chargé de reconnaître un point d'appui de la ligne allemande, y a pénétré à la tête d'une patrouille, dispersant et mettant en fuite à coups de grenade une cinquantaine d'Allemands. Le 5 juillet, attaqué de nuit par des forces très supérieures, a contre-attaqué immédiatement à la tête de sa compagnie et a pénétré à la suite de l'ennemi dans sa position où il s'est maintenu jusqu'au lever du jour ».

Après avoir été à la peine, il est juste d'être à l'honneur ! Les deux braves capitaines Boulanger et Drumillon devaient, quelques semaines après, recevoir la récompense de leurs exploits. La croix au ruban rouge était placée sur deux cœurs vaillants.

Le 6 juillet au matin nous quittons Belrupt pour aller embarquer à Nixéville. Les survivants de l'attaque arrivent comme nous nous mettons en marche. Ils resteront là quarante-huit heures et viendront nous rejoindre à Guerpont, notre prochain cantonnement.

Nous sommes heureux de nous éloigner de Verdun et de repasser à Haudainville.

Là se trouve le 25ᵉ B. C. P. qui après avoir relevé le 26ᵉ B. C. P. au Bois Fumin, le 28 juin au soir, est redescendu à ce village le 4 juillet. Deux compagnies restées jusque là en réserve ont été envoyées à la Batterie de Damloup en renforcement du 172ᵉ R. I. très éprouvé.

Nous traversons Dugny, Lempire où les braves territoriaux refont les routes défoncées par le passage continuel des convois et camions.

Nous croisons des mitrailleurs du 217ᵉ qui gagnent les lignes. A Nixéville, en attendant l'embarquement, nous cassons une croûte, assis au revers du talus longeant la route. Nous formons groupe ; le capitaine Guillaume, le lieutenant Bourdrel et moi. Ce dernier est un excellent camarade qui appartient à ma compagnie. Peu bavard, mais charmant causeur, deux choses le caractérisent particulièrement : son flegme et sa pipe qui lance ses volutes paresseuses avec le même calme rythmé dans la tranchée bombardée qu'au cantonnement.

L'embarquement est rapide, les camions passent à Souilly et, par Bar-le-Duc, nous amènent à Guerpont où nous restons quelques jours, savourant avec délice la douceur de ce repos qui doit être de courte durée.

Nous apprenons que le 25e B. C. P. est remonté en ligne à Verdun. Il s'apprêtait au départ pour l'arrière, les autres corps de la division étant déjà partis, lorsqu'une puissante attaque boche se produit le 10 juillet sur la rive droite (groupement Mangin). Il est aussitôt alerté et le 11 porté en réserve au tunnel de Tavannes. Le 12 juillet le fort de Souville est très menacé, le bruit court qu'il est déjà pris ; c'est le dernier obstacle, la dernière crête avant Verdun. Le 25e reçoit l'ordre de le reprendre. A 10 heures, sous un barrage fou, en colonne par un, il sort du tunnel par un boyau démoli, encombré de cadavres. Arrivé au fond du ravin il prend la formation d'attaque et remonte vers le fort à travers un nouveau barrage, manœuvrant comme sur la place d'armes. Les compagnies de tête arrivent là-haut en même temps que le boche et le rejettent en désordre en lui faisant des prisonniers. Puis les unités sont réparties, la défense du fort est organisée et pendant trois jours les compagnies restent encore là sous un bombardement incessant.

Enfin le 14 juillet au soir c'est la relève et le 16 l'embarquement par chemin de fer pour le repos dans la région de Reims.

Voici la citation à l'ordre n° 187 du 6e Corps d'armée obtenue par le 25e B.C.P. à Verdun (fort de Souville) le 12 juillet 1916 :

« Après avoir tenu plusieurs jours un secteur des plus pénibles, a été rappelé le 12 juillet 1916, en première ligne, sous les ordres du Commandant Cabotte, pour contenir une forte attaque allemande qui menaçait l'un des forts les plus importants de la place, a exécuté en plein jour, sous un barrage intense, avec un entrain superbe et une habileté parfaite, une manœuvre des plus délicates et a réussi à arrêter la progression de l'ennemi ». (Général Paulinier).

De la Meuse à l'Aisne et à la Somme

Le 29e part pour l'Aisne. Nous allons tenir secteur pour un mois aux environs de Soissons. Puis nous embarquons par voie ferrée pour la Somme où la lutte est acharnée. C'est un nouveau Verdun et lutter ici, ce sera encore continuer à défendre la citadelle meusienne, en obligeant l'ennemi à diviser ses effectifs et son matériel.

Le mois de septembre va être pour notre Bataillon lourd d'efforts et de pertes et chargé de gloire.

Le 19, le « Bois Madame » que nous occupons, nous rappelle le bois Chênois, les arbres n'existent guère que par la souche. Avec la pluie nous formons à nouveau de vivants paquets de boue. Ce jour même, au moment où nous observons en petit groupe terrain et carte, une marmite éclate bien près et blesse le capitaine Boulanger très sérieusement, à la cuisse.

Le 20, bombardement intense, les boches attaquent à 9 heures. Le 171ᵉ qui est en 1ʳᵉ ligne tient bon. Nous recevons une pluie d'obus qui causent en nos rangs de gros ravages. Six de mes hommes sont touchés. Les lieutenants Méro et de la Fournière sont blessés ; le capitaine du Boishamon, le sous-lieutenant Huss et 2 adjudants sont tués, 2 autres blessés.

Le communiqué annonce le lendemain :

« Au nord de la Somme, les Allemands
« ont tenté hier un puissant effort pour
« nous déloger des positions que nous

« avons récemment conquises. La bataille
« a duré de neuf heures du matin à la
« tombée de la nuit. Les masses assail-
« lantes se sont lancées à l'attaque à plu-
« sieurs reprises, précédées chaque fois
« de violentes préparations d'artillerie.
« Nos troupes ont résisté magnifiquement
« à tous les assauts et conservé le terrain
« conquis. »

La relève a lieu dans la nuit du 21.

Le 24 nous montons à nouveau en ligne
pour attaquer le lendemain Bouchavesnes
et la tranchée Turka (1).

De son côté le 25ᵉ doit participer à l'attaque qui a lieu à midi 35 : son objectif est
la ferme du Bois-l'Abbé et les hauteurs à
l'est du canal du Nord. Assaut superbe qui
vaudra au 25ᵉ la citation suivante à l'Ordre
du 6ᵉ Corps d'Armée :

« Le 25 septembre 1916, sous les ordres
du Commandant Cabotte, le 25ᵉ Bataillon
de chasseurs a pied a enlevé dans un élan
magnifique les premières tranchées allemandes qui lui avaient été données comme

---

(1) L'attaque du 25 septembre et les quelques
jours qui la précèdent coûtent au corps d'officiers
du Bataillon 8 tués et 10 blessés. D'autre part, 4 adjudants sont hors de combat.

objectif ; il a su s'y maintenir ensuite sous les bombardements les plus violents.

Troupe d'élite. »

(Général Paulinier).

L'attaque sera suivie pour le 29ᵉ de deux jours de lutte que résume la citation à l'Ordre de l'Armée du Bataillon et de son glorieux Chef :

« Le 27 septembre 1916, après deux
« jours de combats des plus durs sous les
« ordres du Commandant Zerbini, a pré-
« venu l'attaque des vagues d'assaut de l'en-
« nemi en se jetant au devant d'elles dans
« un élan superbe, faisant prisonniers un
« grand nombre des agresseurs et pour-
« suivant les autres jusqu'aux tranchées
« de départ allemandes dont l'occupation
« a été maintenue.

« **Troupe d'élite dont l'énergie et**
« **l'entrain ont fait l'admiration de**
« **tous.** »

(Général Fayolle.)

EPILOGUE

Vers la Victoire

L'année 1917 (1) ne devait pas ramener les Chasseurs de Saint-Mihiel dans la Meuse. D'autres secteurs de l'immense front de combat allaient être témoins de leurs exploits.

Mais en mai 1918 les deux Bataillons viennent momentanément occuper le secteur désormais tranquille des Eparges où trois ans auparavant ils ont si vaillamment combattu.

Des combats furieux de 1915, il ne reste d'autres traces qu'un sol affreusement bouleversé par les obus et plusieurs cimetières. Le secteur à tenir est vaste et le terrain propice aux coups de main que le boche essaie à diverses reprises. Le 26 juin, comme il faut à tout prix savoir si l'ennemi n'a pas fait de relève en avant des lignes

---

(1) Le 31 mars 1917, le 29e B.C.P. eut l'honneur d'être désigné pour recevoir à la gare de Berzy-le-Sec (Aisne) M. Raymond Poincaré, Président de la République, accompagné du Général en Chef Nivelle, venant inspecter ce coin du front qui allait devenir quelques jours plus tard le lieu de départ d'une nouvelle offensive de nos troupes.

Commandant alors la 1re compagnie de mitrailleuses, j'eus l'honneur et le vif plaisir de saluer de l'épée M. Poincaré et sa suite.

tenues par les deux Bataillons, le sergent Kauffman du 25ᵉ, un brave entre les braves, s'offre pour aller, avec quelques volontaires, enlever un poste ennemi au saillant du Bois Brûlé. Trouvant le poste abandonné, il arrive jusqu'à la tranchée, tue un boche, en blesse un autre et ramène le prisonnier demandé qui fournira les renseignements nécessaires.

Mais bientôt va se produire la grande offensive allemande de juillet, la dernière ; la 127ᵉ division, maintenant bien reposée, est relevée et transportée en Argonne où, dès le 7 juillet, elle attend l'arme au pied le choc de l'adversaire. Mais l'attaque ennemie s'est arrêtée à la lisière ouest de l'Argonne ; dès lors les chasseurs n'ont plus rien à faire dans ce secteur : leur place est là où l'on se bat.

Le 26 c'est le départ pour l'Aisne où 25ᵉ et 29ᵉ sont affectés à l'Armée Mangin pour prendre part à une série de contre-offensives dont la première a lieu le 1ᵉʳ août : attaque du plateau de Grand-Rozoy et poursuite de l'ennemi jusqu'à la Vesle. Cette journée sera suivie « de combats incessants de jour et de nuit, à la grenade et à la baïonnette, où il est fait preuve une fois de plus d'un irrésistible mordant et où chaque compagnie reste fidèle aux plus glorieuses traditions des chasseurs ».

C'est alors que commence la marche vers la Victoire. Les faits d'armes des Chasseurs de Saint-Mihiel vont porter bientôt le nombre des Citations de chaque Bataillon à 9, dont 4 à l'Ordre de l'Armée.

Les deux Bataillons frères, toujours unis dans la lutte, le seront donc aussi dans la Gloire.

La fourragère aux couleurs de la Croix de guerre, accordée en 1916 au 29e et en 1917 au 25e, devait s'échanger pour tous deux en 1918 contre celle aux couleurs de la Médaille militaire.

La fière devise du 29e « **Allons-y gaiement** », celle non moins belle du 25e « **En avant, toujours en avant** », étaient consacrées par le sang versé par les milliers de blessés et par les morts au Champ d'honneur :

Au 29e B. C. P. : officiers, 56 ; sous-officiers, 149 ; caporaux et chasseurs, 1451 (1).

Au 25e B. C. P. : officiers, 44 ; plus de 1000 gradés et chasseurs (1).

---

(1) Chiffres cités à l'historique des deux Bataillons.

Le rêve, cher au cœur des Chasseurs de Saint-Mihiel était de participer à la délivrance de leur ville de garnison quittée dans la nuit tragique du 31 juillet 1914. Cet honneur devait revenir aux vaillantes troupes américaines du Général Pershing.

Honneur au grand Chef allié ! Honneur à ses héroïques soldats !

Cependant une joie ineffable était réservée aux survivants des dernières luttes : l'inoubliable défilé à travers l'Alsace reconquise, au milieu des acclamations enthousiastes d'une population délirante, avant d'aller, suprême honneur, monter la garde le long du Rhin.

APRÈS

LA

GRANDE TOURMENTE

La Voie Sacrée

La route qui va de Bar à Verdun, par Souilly, sur près de soixante kilomètres et par laquelle s'est fait pendant neuf mois, jour et nuit, sans un instant de répit, le ravitaillement de Verdun en hommes, en munitions, en matériel, fut dénommée en témoignage de reconnaissance « La Voie Sacrée ».

. . . .

« Il y roulait par vingt-quatre heures plusieurs milliers d'automobiles, dont une bonne moitié composée de poids lourds. Des canons se succédaient constamment, appelés là-bas par la voix des canons.

. . . .

Des camions remplis de poilus se dirigeaient gravement vers la bataille et allaient relever les troupes fatiguées ; d'autres camions plus joyeux ramenaient ceux qui sortaient de la fournaise ; des voitures d'ambulance transportaient des blessés évacués ; et autour de Verdun restaient hélas ! des milliers de jeunes soldats qui ne devaient jamais revenir, et qui étaient tombés pour sauver leur pays. Il a fallu, pour défendre la place, un roulement d'un million d'hommes, qui ont tous été prélevés sur l'armée française. Le plus grand nombre ont passé sur la Voie Sacrée. »

(Extrait du discours prononcé par M. Poincaré à l'inauguration de la borne « zéro », à Bar-le-Duc, le 21 août 1922.

BORNE KILOMÉTRIQUE DE LA VOIE SACRÉE
à casque et palme de bronze

« La borne « zéro », située à Bar le-Duc à l'origine de la route,
revêt seule une forme un peu plus monumentale : sa hauteur atteint
2 m. 65 au lieu de 0 m. 87. Le corps est en granit blanc de Bretagne,
le casque en granit rose de Bourgogne ; elle sert de support aux
inscriptions ci-après :

C'est par cette route
que pendant toute l'année 1916
sont montés vers
les champs de bataille de Verdun
les grands soldats
qui allaient se battre
et mourir pour la liberté.

Le Conseil général de la Meuse
a voulu,
que fut gravé sur place,
kilomètre par kilomètre,
le souvenir impérissable
des héros de Verdun.

M. Raymond Poincaré
Ancien Président de la République,
Président du Conseil,
Président du Conseil général de la Meuse,
a scellé ici la première borne kilométrique de la Voie Sacrée
le 21 août 1922.

1926

Extrait du discours prononcé par
M. le Maréchal de France PÉTAIN
aux Cérémonies du 10ᵉ Anniversaire
de la Victoire de Verdun.

———

« Dix années se sont écoulées depuis les grands chocs de 1916 !

De la lutte acharnée menée pied à pied pendant des mois il ne reste que le souvenir des grandes oscillations et l'impression encore douloureuse d'un long cauchemar. Le détail des actions s'est estompé dans la mémoire des combattants; les préoccupations de l'existence ont fait oublier les anciennes angoisses. Les forces de la vie l'emportent, l'ordre des choses le veut ainsi.

Voyez plutôt ces coteaux qui ont si longtemps fumé comme des volcans. La broussaille a maintenant recouvert la lèpre des combats et le jeune taillis repart sur les souches des anciennes futaies hachées par les obus. Seuls, témoignent des luttes passées les vastes cimetières, les squelettes décharnés des grands forts, les traces incertaines de ce qui fut des villages... et les noms qui sonnent comme des glas et évoquent des visions d'enfer : Douaumont, Vaux, Fleury, Thiaumont, Froideterre, le Mort-Homme, la côte 304...

La bataille de Verdun est maintenant entrée dans l'Histoire et dans la Légende. »

Inauguration

d'une

Plaque Commémorative

à la gare

Vaux-Marie

le 25 Septembre 1927

sous la présidence de M. Maginot

ancien Ministre

A la Vaux-Marie
25 Septembre 1927

Extrait du discours de M. A. Maginot.

. . . .

« Dans la nuit du 9 au 10, à minuit, l'attaque allemande se déclenche. En formations serrées, le 13e corps allemand cherche à s'emparer de la Vaux-Marie, point principal de la lutte sur le front de notre 6e Corps.

Nos hommes, malgré le nombre, malgré une pluie violente et froide, dans la nuit qu'éclairent seules les lueurs de l'incendie de la ferme, résistent jusqu'à l'aube. Toute la nuit, les charges à la baïonnette se succèdent, donnant lieu à de sanglants corps à corps. Les pertes sont énormes de notre côté comme du côté de l'ennemi.

. . . .

Pour comprendre combien nos soldats ont été grands, il faut se rappeler dans quelles pénibles conditions ils ont eu à accomplir le plus rude devoir. Il faut se souvenir de ces heures sombres du début de la guerre, ces heures d'angoisse où les plus vaillants — des français qui se battaient — en étaient arrivés, en dépit de la foi et du patriotisme qui leur emplissaient le cœur au jour de la mobilisation, à se demander si nous pourrions jamais reprendre le dessus et si, malgré notre volonté de vaincre, la victoire restait possible.

. . . .

Se rendant parfaitement compte de la situation, la considérant presque un moment comme désespérée, nos héroïques combattants ont tenu quand même, ont marché quand même, se sont fait tuer quand même. Quelque chose de plus beau et de plus fort que la certitude réconfortante de la Victoire les animait : c'était la fière abnégation de penser qu'il y a des heures où l'on doit à l'honneur de la France de savoir bien mourir. »

1914

ICI MÊME
DANS LA NUIT DU 9 AU 10 7BRE
1914
LE 29^E BAT. DE CHASSEURS A PIED
APPUYÉ PAR DES FRACTIONS
DES 67^E ET 106^E R. I.
ET PAR LE 25^E B. C. P.
A REPOUSSÉ L'ATTAQUE
MENÉE PAR LES TROUPES
DU KRONPRINZ ALLEMAND
CONTRE LE CENTRE
DE LA IIIE ARMÉE FRANÇAISE

LES UNITÉS DU 6^E CORPS
OCCUPANT LE FRONT
LISLE-EN-BARROIS — SERAUCOURT
RÉSISTÈRENT HÉROÏQUEMENT
ET BRISÈRENT
L'ASSAUT DE L'ENNEMI

(1ᵐ20 x 0ᵐ73)   Cliché Althusser

Reproduction de la plaque commémorative offerte par M. P. Jolibois, inaugurée à la Vaux Marie le 25 septembre 1927, sous la présidence de M. Maginot, ancien Ministre de la Guerre.

TABLE DES MATIÈRES

Préface 9

Avant-propos 11

I. — 1914. La Guerre de Mouvement . 13

  1. — Protection de Verdun par la 3ᵉ Armée en août-septembre 1914. 15

  2. — Le Circuit de Verdun 21

    Premiers jours de guerre 23

    Combat d'Audun-le-Roman 29

    La Retraite 38

    Combat de la Vaux-Marie 40

    Autour de Saint-Mihiel 45

II. — 1915. La Guerre de Position . 49

III. — 1916. La Bataille de Verdun . 57

  1. — Coup d'œil d'ensemble 59

  2. — La lutte sur la rive droite en juin 61

  3. — Face au Fort de Vaux 65

    De la Champagne à Verdun 67

    Le secteur du Bois Chênois 69

    L'attaque de nuit 86

    De Verdun à l'Aisne et à la Somme . . 93

IV. — Epilogue 97

V. — Après la grande tourmente . . 103

IMPRIMERIE COMTE-JACQUET. — BAR-LE-DUC.